D1662402

Mario Betti

Wandlungen im Erleben des Christus

Mario Betti

Wandlungen
im Erleben des Christus

Verlag Freies Geistesleben

1. Auflage 2011

Verlag Freies Geistesleben
Landhausstraße 82, 70190 Stuttgart
Internet: www.geistesleben.com

ISBN 978-3-7725-2399-1

Das Ereignis von Golgatha
ist eine freie kosmische Tat,
die der Welten-Liebe entstammt
und nur durch Menschen-Liebe
erfasst werden kann.

Rudolf Steiner
4. Januar 1925

Inhalt

Wie es gemeint ist

Dieses Buch möchte eine Anregung zum Verständnis der Art sein, wie Christus heute im Dreiklang unserer Seelenkräfte – im Denken, Fühlen und Wollen – erlebt werden kann.

Es möchte auf Möglichkeiten hinweisen, dem Christus jenseits allen Historismus «in der Gleichzeitigkeit» zu begegnen, das heißt rein spirituell, ähnlich wie es Sören Kierkegaard, der dänische Theologe und Philosoph, eindrücklich thematisiert hat.[1] Es ist kein theologisches Lehrbuch, das einem kirchlichen Bekenntnis verpflichtet wäre, vielmehr spiegelt es Erfahrungen wider, deren Quintessenz sich am besten mit folgenden Worten von Willem Zeylmans van Emmichoven umschreiben lässt: «In einer bestimmten Phase meiner Entwicklung kam ich zu der Erkenntnis, dass Christus die Wirklichkeit ist, in der wir leben. Indem ich diesen Satz niederschreibe, weiß ich, dass kaum möglich sein wird, zum Ausdruck zu bringen, was ich hiermit meine. [...] Wenn ich dennoch das Wagnis unternehme, über das Christusmysterium zu schreiben, so tue ich dieses einerseits im Bewusstsein eines großen Unvermögens, andererseits aus dem Gefühl heraus, dass eine bestimmte Einsicht in die Not unserer Zeit eine Verantwortung auferlegt, der man sich nicht entziehen kann. Trotz der Finsternis, in der wir leben, wirkt in unserer Welt ein verborgener Wille, das Licht des Geistes zu suchen. Diesem Willen zu dienen, ist die Absicht dieses Buches.»[2]

In diesem Sinne ist folgende Arbeit ein Versuch, auf einige Aspekte des Christus-Erlebens in der Vergangenheit und in der Gegenwart hinzuweisen. Der besondere Ansatz, der hier zugrunde liegt, ist ein menschenkundlicher. Er besteht in der Darstellung einer dreifältigen Erscheinung des Christus im Kosmos und in der menschlichen Geistseele, gemäß der Evolution ihrer Kräfte als sinnlich empfindende, denkende und selbstbewusst handelnde Individualität. Dadurch kann beispielsweise ein tieferes Verständnis für die Art gewonnen werden, wie einerseits drei große Apostel der Christenheit – Petrus, Paulus und Johannes – den Christus erlebt haben und andererseits wie jeder von uns ähnliche Erlebnisse in seinem Leben entdecken kann.

Der griechische Name «Christós» und die Bezeichnung «Messias» im Hebräischen und Aramäischen – «Der Gesalbte» – ist innerhalb eines bestimmten Kulturkreises geprägt worden. Das Wesen selbst kann im Prinzip von jedem erlebt oder, in der

Sprache alter Mysterien ausgedrückt, erweckt werden. Es ist hier wichtig zu bedenken, dass, streng historisch betrachtet, es keine schlüssigen Beweise gibt, dass Jesus von Nazareth überhaupt gelebt hat. Das ist nicht nur dem bereits zitierten Kierkegaard aufgefallen, sondern ist u. a. auch Thema der historisch-kritischen Theologie.

Wie bekommt man also Zugang zu dem Gott, der in der Zeitenwende Mensch wurde, den Tod überwand und sich mit Erde und Menschheit «alle Tage bis zur Vollendung der Erdenzeit» verband, wie es Matthäus am Ende seines Evangeliums berichtet? Dass eine göttliche Kraft die Welt nach Vernunftgesetzen geformt hat oder dass sich in der Harmonie der Naturgesetzlichkeit eine überlegene Vernunft offenbart, kann von jedem besonnen-vernünftigen Menschen nachvollzogen werden. Diese Tatsache allein kann bereits die Überzeugung einer über alles waltenden Gottheit begründen. Dass aber eine göttliche Macht in einem Menschen wirkte und den Tod in ein neues Leben verwandelte, dazu kann eine innerlich freie und souveräne Herzensintuition einen Erkenntniszugang bilden. Das, was man vielleicht für möglich gehalten hat, wird auf dieser Stufe eine selbstevidente Wirklichkeit, die in sich selber Bestand hat. Sie erweist sich darüber hinaus als eine innere Potenz zum Wahren in der Erkenntnis und zum Guten im Handeln, die in den Gemütstiefen aller Menschen, gleich welcher Religion oder Weltanschauung sie folgen mögen, erweckt werden kann: überkonfessionell, dogmenfrei und universell ausgerichtet.[3] Denn es betrifft die volle Menschwerdung, um die wir alle ringen: Insofern sind die vielen Fragen um individuelle Selbstbestimmung, um Menschenrechte, Toleranz, Religionsfreiheit, Naturschutz, brüderliches Wirtschaften, die uns heute weltweit in Atem halten, letzten Endes Christus-Fragen. Sehr viel Zukunft hängt davon ab, ob es uns Zeitgenossen gelingt, nach und nach in dieser freien Sphäre des Wahren und Guten zu erwachen, gleich wie sie von uns genannt wird, denn auf die Wirklichkeit kommt es an und nicht auf Worte: auf das Erleben «in der Gleichzeitigkeit».

«Ihr habt gelebt im Glauben, Ihr wart getröstet in der Hoffnung»

In meiner Jugend fiel mir ein Buch über Rudolf Steiners Anthroposophie in die Hände, in dem einiges zu lesen war, was ich selber nach einer existenziellen Krise erlebt und erkannt hatte. Aber noch wichtiger war der Hinweis, dass Anthroposophie ein Erkenntnisweg ist, der das Geistige im Menschen zum Geistigen in Natur und Kosmos führen kann.

Rudolf Steiner war Natur- und Geistesforscher. In Wien studierte er Natur- und Ingenieurwissenschaften, promovierte in Philosophie an der Universität Rostock und gab in Weimar Goethes naturwissenschaftliche Werke heraus. Nach und nach begründete er die anthroposophisch orientierte Geisteswissenschaft, nachdem ihm in einer intensiven Forschertätigkeit der dynamische Zusammenhang und die Seinseinheit zwischen der materiellen und der geistigen Welt mehr und mehr aufgegangen war. In einer Reihe von Büchern eröffnete er vielfältige Zugänge zu jener Wirklichkeit, der Mensch und Natur ihre Herkunft, Sinn und Ziel verdanken.[4] Dank dieser Bücher konnte ich auf dem bereits eingeschlagenen

Weg weiterschreiten. Besonders anschaulich gelang es Steiner, wichtige Aspekte dieser Geistesschulung in vier Dramen darzustellen, die in den Jahren 1910 – 1913 in München uraufgeführt wurden.[5] Weitere Dramen waren zwar geplant, gelangten jedoch nicht zur Ausführung: Der Ausbruch, der Fortgang des Ersten Weltkrieges und die chaotischen Nachkriegszustände erforderten seinen vollen Einsatz im Hinblick auf eine Neugestaltung verschiedener Kulturfelder. Seine vielen Entdeckungen auf dem Gebiet der Natur-, Geistes- und Humanwissenschaften hatten bald eine Reihe von Gründungen zur Folge, deren zivilisatorische Relevanz weltweit noch im Wachsen begriffen ist. Waldorfpädagogik, die biologisch-dynamische Landwirtschaft, die anthroposophisch erweiterte Medizin und die Heilpädagogik – um nur einiges zu nennen. Zudem gab er vielfältige Anregungen zur Weiterentwicklung der bildenden und darstellenden Künste, und auf Anfrage einer Gruppe von jüngeren Theologen und Theologiestudenten, die später die Bewegung für religiöse Erneuerung, die Christengemeinschaft gründeten, gab er entscheidende Hilfen für ihr späteres berufliches Wirken.

Quellpunkt aller Gründungen und zugleich Gewähr echter Weiterentwicklung ist nach wie vor die Anthroposophie, der von Steiner erschlossene Weg der Bewusstseinserweiterung, der sich selbstverständlich in jedem Menschen gemäß seinen besonderen Qualitäten, ganz individuell ausprägt. Gerade in den erwähnten Mysteriendramen treffen wir auf eine Reihe von Persönlichkeiten in unterschiedlichen Berufen, welche jede auf ihre Art versuchen, den Schleier zu heben, der unser Erkennen von der Welt geistiger Wirksamkeiten und Wesenheiten trennt. Gleich im ersten Bild der *Pforte der Einweihung* tritt eine Seherin, Theodora, auf, die Worte spricht, welche gewissermaßen der Auslöser aller Entwicklungsvorgänge sind, die in der ganzen Tetralogie nach und nach gezeigt werden. Es ist wichtig, eine Weile bei diesen Worten zu verweilen, weil sie mit dem Anliegen dieses Buches und mit der heutigen Zeit direkt zu tun haben.

Es wird uns ein Zimmer in rosarotem Grundton gezeigt und rechts, vom Zuschauer aus gesehen, der Eingang zu einem Vortragssaal. Benedictus, ein spiritueller Lehrer, hat eben einen Vortrag gehalten, und nach und nach treten die Zuhörer aus dem Saal heraus. Unterschiedlich angeregt, tauschen sie sich lebhaft aus, indem jeder bemüht ist, seinen eigenen Standpunkt zu dem eben Gehörten zu schildern. Auch Theodora äußert sich, nachdem ihre Freundin Maria erklärt hat, dass Theodora nach einer Schick-

salswende die Fähigkeit besitzt, in gewissen Augen-
blicken in die Zukunft zu schauen.

THEODORA:
Es drängt zu sprechen mich:
Vor meinem Geiste steht ein Bild im Lichtesschein,
Und Worte tönen mir aus ihm;
In Zukunftzeiten fühl' ich mich,
Und Menschen kann ich schauen,
Die jetzt noch nicht im Leben.
Sie schauen auch das Bild,
Sie hören auch die Worte,
Sie klingen so:
Ihr habt gelebt im Glauben,
Ihr wart getröstet in der Hoffnung,
Nun seid getröstet in dem Schauen,
Nun seid erquickt durch mich.
Ich lebte in den Seelen,
Die mich gesucht in sich,
Durch meiner Boten Wort,
Durch ihrer Andacht Kräfte.
Ihr habt geschaut der Sinne Licht
Und musstet glauben an des Geistes Schöpferreich.
Doch jetzt ist euch errungen
Ein Tropfen edler Sehergabe,
O fühlet ihn in eurer Seele.

Ein Menschenwesen
Entringt sich jenem Lichtesschein.
Es spricht zu mir:
Du sollst verkünden allen,
Die auf dich hören wollen,
Dass du geschaut,
Was Menschen noch erleben werden.
Es lebte Christus einst auf Erden,
Und dieses Lebens Folge war,
Dass er in Seelenform umschwebt
Der Menschen Werden.
Er hat sich mit der Erde Geistesteil vereint.
Die Menschen konnten schauen ihn noch nicht,
Wie er in solcher Daseinsform sich zeigt,
Weil Geistesaugen ihrem Wesen fehlten,
Die sich erst künftig zeigen sollen.
Doch nahe ist die Zukunft,
Da mit dem neuen Sehen
Begabt soll sein der Erdenmensch.
Was einst die Sinne schauten
Zu Christi Erdenzeit,
Es wird geschaut von Seelen werden,
Wenn bald die Zeit erfüllt wird sein.

  (Sie geht ab.)

MARIA:
Es ist zum ersten Male,
Dass sie vor vielen Menschen so sich gibt,
Es drängte sie sonst nur,
Wenn zwei bis drei zugegen waren.

Diese Worte sind in vielerlei Hinsicht bemerkenswert. Theodora fühlt sich in eine nahe Zukunft versetzt und hört Worte, die auf eine neue Fähigkeit aller Menschen hinweisen, auf verborgene Geistesaugen, durch welche sie den Christus in «Seelenform» erleben werden. Davor haben wir gelesen, dass in den Zeiten der historischen Entfaltung des Christentums die Menschen durch ihren Glauben «in der Hoffnung» getröstet wurden und nun sollen sie «in dem Schauen» getröstet werden.

Fragen wir uns zuerst: Was heißt «getröstet in der Hoffnung»?

In den Zeiten des Urchristentums, bevor die Macht Roms aus der jungen Bewegung eine Staatsreligion gemacht hatte, aber auch in späteren Jahrhunderten noch konnten Menschen in der Botschaft des den Tod überwindenden Christus einen unversiegbaren Quell von Weisheit und Kraft erleben. Aus der Ungewissheit, bedingt durch das langsame Verlöschen großer spiritueller Bewegungen, wie sie auch durch die vielen Mysterienkulte der Antike vertreten waren,[6] wurde neues Wissen über Herkunft, Sinn und Ziel menschlicher Existenz. Es war ein Wissen, eine Weisheit, die nicht intellektuell, sondern mit voller Seele erlebt wurde. Und die Hingabe an den Christus, den Mensch gewordenen Gott, der den Tod in ein neues Leben verwandelt hatte, entfachte nicht nur die Gewissheit der eigenen, geistigen Unsterblichkeit, sondern auch den lebendigen Glauben an die künftige Auferstehung des ganzen Menschen und an die Verwandlung der Erde in das himmlische Jerusalem, wie es von Johannes am Ende der Apokalypse geschildert wird. Das war die große Tröstung, die große Hoffnung. Lebten doch in verschiedenen Gegenden der Erde die Menschen in der Erwartung eines kommenden göttlichen Helfers, eines Heilands. Im vorderasiatisch-europäischen Kulturkreis wurden Kulte praktiziert, die den Glauben an einen sterbenden und auferstehenden Gott gleichsam im Bilde vorwegnahmen. In Babylonien war es beispielsweise Tammuz, in Phönizien Melkart und vor allem Adonis. Bei den Ägyptern war es Osiris und bei den Griechen Dionysos.

Aber die Worte der Theodora weisen auch auf etwas Gegenwärtiges hin. Sie sagt, dass man nun «in dem Schauen» getröstet wird. Wie ist das zu verstehen? Wie steht dieses Schauen im Zusammenhang mit dem Glauben? Und wie ist die «Seelenform» zu verstehen, in der heute durch neue Geistesaugen der lebendige Christus erlebt werden kann? Worin besteht, genau genommen, die «Erquickung»?

Um diese Fragen zu beantworten, müssen wir zuerst die bereits erwähnte Evolution der Geistseele als sinnlich empfindende, denkende und selbstbewusst handelnde Individualität näher anschauen.

Ein Fest im alten Ägypten –
Vom Sinnes-Ich

In einem seiner großen Romane schildert Laurens van der Post eine bewegende Szene, die uns in die zentrale Thematik der nächsten Kapitel einführt. Am Rande eines afrikanischen Dorfes wird ein Mann, der sich eines schweren Vergehens schuldig gemacht hat, von den anderen Männern seines Stammes weggeführt. Diese Szene spielt sich in der Nähe eines Abgrundes ab. Im Vollzug einer uralten, rituellen Handlung lässt die aufgebrachte Menge den Mann plötzlich los und wendet ihm den Rücken zu. Der Ausgestoßene, wie beraubt seiner Stammesidentität, fühlt mit einem Mal, in einer namenlosen Verlassenheit, dass sein Leben keinen Bestand mehr hat und stürzt sich in den Abgrund.

Dieses Beispiel archaischer Gewalt zeigt eindrücklich, wie hier die Identität des Einzelnen – sein Ich – ohne Stammesidentität noch nicht bestehen kann. Die Befreiung des Individuums aus der Kette von Volks-, Stammes- und Familienzugehörigkeit ist ein Prozess, der sich über Jahrtausende ausdehnt und der bis heute – weltweit gesehen – noch nicht abgeschlossen ist. Stark vereinfacht, gliedert er sich in drei große Phasen, die in der Diktion Rudolf Steiners die Entwicklung der *Empfindungsseele,* der *Verstandes- und Gemütsseele* und der *Bewusstseinsseele* genannt werden.[7] Es handelt sich um differenzierte Funktionen der Seele, die gewissermaßen die Mutterhülle des werdenden Menschen-Ich bilden. Soweit dieser Prozess aus der Perspektive der westlichen Welt berücksichtigt wird, konzentrieren sich die drei Phasen geografisch zunächst im Zweistromland / Ägypten, Palästina / Griechenland / Rom und im weiteren europäischen Raum. Die Entwicklungsimpulse, die der jeweiligen Phase zugrunde liegen, schlummern zwar in der ganzen Menschheit. Allein in den genannten Kulturräumen werden sie gleichsam prototypisch entfaltet, um dann mehr und mehr zum Allgemeingut zu werden. Um die Kerneigenschaften der Empfindungsseele im Zusammenhang mit der Evolution des Ich zu veranschaulichen, möchte ich folgendes Bild entwerfen.

Wir verlassen die heutige Zeit, fliegen mit unserer Fantasie etwa viertausend Jahre in die Zeit zurück und schauen auf das alte Ägypten. Wir befinden uns in der Nähe der großen Sphinx und bald wird die Sonne aufgehen. Langsam erhellt sich die Spitze der Cheops-Pyramide und mehr und mehr erhellt sich auch der ganze Riesenbau vor dem Hintergrund eines tiefblauen Himmels: Vier annähernd gleichseitige Dreiecke auf quadratischer Basis. Die Verkleidungsblöcke aus feinem, weißem Kalkstein sind so genau versetzt und poliert, dass die ganze Oberfläche wie ein wunderbarer Riesenkristall in der aufgehenden Sonne strahlt. «Durch die Neigung ihrer Seitenflächen war ja bewirkt, dass sie den größten Teil des Tages nicht nur keine Schatten werfen, sondern auch selbst keinen Schatten trugen, auf keiner ihrer Seiten. Schattenloses, reinstes Licht, eine ‹Dichtung› aus Licht-Kräften.»[8] Etwas in der Ferne schaut ein junger Mensch, tief ergriffen, diese «leibliche» Erscheinung der heiligen Sonnengottheit und wie sie sich mehr und mehr der Erde offenbart. Es sind tief religiöse Empfindungen, die durch seine sinnesoffene Seele ziehen. Der alte Ägypter, mit Ausnahme der in den höheren Mysterien eingeweihten Priester, konnte sich schwer eine rein geistige Gottheit vorstellen. Er musste für alles Göttliche entweder ein Bild oder eine sinnliche, sichtbare Erscheinung finden. Die ganze altägyptische Spiritualität könnte man mutatis mutandis, mit den nötigen Abänderungen, eine sinnlich-ästhetische nennen. Die Götter zeigen jedem Betrachter ihre Attribute. Die Göttin Sachmet, eine gefährliche und vernichtende Macht, wird löwenköpfig dargestellt. Besänftigt kann sie sich in eine Katze verwandeln: Bastet. Und die Himmelsgöttin Hathor, eine allumfassende Muttergottheit, wurde in der Regel als Kuh dargestellt, mit sternenübersätem Leib oder als Frau mit Kuhkopf. Aber auch das Alltagsleben war stark sinnlich-körperlich orientiert. Stellen wir uns das prächtige Haus eines damaligen Gaufürsten vor und nehmen an einem Fest teil, zu dem hohe Gäste aus der Provinz geladen sind. Der Hausherr und seine Frau sitzen auf niedrigen Hockern, während junge Musikantinnen auf der Laute und der Doppelflöte vor ihnen spielen. Kostbare Edelsteine glitzern auf ihren Gewändern und überall hört man fröhliches und lautes Reden. Die Gäste, die sich auf Matten niedergelassen haben, werden von jungen Männern und Mädchen bedient, die sich mit Blumenkränzen geschmückt haben. Allerlei Düfte erfüllen den Raum, und wir beobachten, wie auf den Köpfen der Gäste Salbkegel aus parfümiertem Fett erneuert und wie die Arme mit Salben und Duftwassern eingerieben werden. Wenn wir jetzt uns dazu noch die Gerüche der köstlichen Speisen vorstellen, die in Folge aufgetragen werden: edle Fische, gebratene Enten und Gänse, Wachteln, um nur einiges zu nennen, dann sehen wir uns mitten in einer Fülle unterschiedlichster Sinneseindrücke und beobachten, wie alle dabei auch seelisch erfüllt sind. Dieses Bedürfnis nach intensiver Sinneserfahrung hing mit dem damaligen Aufdämmern individuellen Selbstgefühls zusammen, eines Ich-Gefühls, das wir heute gut kennen und das eng an unsere Körperlichkeit gebunden ist. Viel unpersönlicher, noch stärker in der Familien- oder Stammesidentität eingebettet, von einem umfassenden Wir-Gefühl getragen, lebte der Mensch in noch ferneren Jahrtausenden.

Dieser Schritt zur Individuation hin, wie wir ihn beispielsweise im alten Ägypten erleben, klärt uns auch über einen wichtigen Aspekt des Mumienkultes auf. Die Einbalsamierung des toten Leichnams, die in irgendeiner Art – ob in Tempelräumen oder einfach in der Wüste – jeder Mensch haben wollte und auch musste, gab die Gewähr eines individuellen Fortlebens der Seele nach dem Tod. Ist die *Form* des Leibes unversehrt, so kann auch die individuelle *Seelenform* während der langen Reise nach dem Tod nicht vergehen. Dieser Teil der Seele, der, sinnlich aufnehmend und reagierend, uns ein starkes Ich-Gefühl vermittelt, wird von Rudolf Steiner unterschiedlich beschrieben. Es handelt sich um die bereits erwähnte Empfindungsseele. So beispielsweise in seinem Buch *Theosophie – Einführung in übersinnliche Welterkenntnis und Menschenbestimmung,* nachdem er ausgeführt hat, wie die

Seele auf die Reize der Außenwelt mit Empfindungen antwortet: «Man stelle sich den Menschen vor, wie er von allen Seiten Eindrücke empfängt. Man muss sich ihn zugleich nach allen Richtungen hin, woher er diese Eindrücke empfängt, als Quell der bezeichneten Tätigkeit denken. Nach allen Seiten hin antworten die Empfindungen auf die Eindrücke. Dieser Tätigkeitsquell soll *Empfindungsseele* heißen.»[9]

Es ist die Empfindungsseele, die uns die Schönheit der Welt unserem Erleben erschließt. Sie vermittelt alle Freuden und Schmerzen des Leibes und fühlt sich mit ihm innig verbunden. Was wären die Künste ohne Sinnesorgane, die sie wahrnehmen! Wie viel Lyrik entspringt einem kräftigen Erleben der Sinneswelt! In allen Formen, Farben und sonstigen Sinnesreizen, die ununterbrochen auf mich zuströmen, lebe und erlebe ich mich als Teil des um mich ausgebreiteten Kosmos. Alles Sinnliche ist aber auch die rätselhafte Offenbarung eines geistigen Weltengrundes, wie er uns auch in der ägyptischen Kunst entgegenkommt oder in den verschiedenen Formen des religiösen Kultus. In Bezug auf die Natur spricht dann die Empfindungsseele von der Gott-Natur.

Auf der anderen Seite, gerade durch ihre Leibgebundenheit, ist die Empfindungsseele noch sehr stark an Familie, Sippe oder Stamm gebunden; Jahrtausende mussten vergehen, bis sich ein neuer, freier Ich-Impuls in der Seele manifestierte, dazu bestimmt, einerseits dieses «Sinnes-Ich» zu integrieren und andererseits eine neue Ich-Qualität zu erwecken: *die Verstandes- und Gemütsseele.*

Ein Gespräch in Athen –
Vom Denk-Ich

«Ebenso wie mit dem Leibe tritt die Empfindungsseele auch mit dem Denken, dem Geiste, in Wech-
selwirkung. Zunächst dient ihr das Denken. Der
Mensch bildet sich Gedanken über seine Empfindungen. Dadurch klärt er sich über die Außenwelt auf.
[...] Durch die Empfindungsseele ist der Mensch dem
Tiere verwandt. Auch beim Tiere bemerken wir das
Vorhandensein von Empfindungen, Trieben, Instink-
ten und Leidenschaften. Aber das Tier folgt diesen
unmittelbar. Sie werden bei ihm nicht mit selbststän-
digen, über das unmittelbare Erleben hinausgehenden
Gedanken durchwoben. [...] Die bloße Empfindungsseele ist daher verschieden von dem entwickelten
höheren Seelengliede, welches das Denken in seinen
Dienst stellt. Als *Verstandesseele* sei diese vom Denken
bediente Seele bezeichnet. Man könnte sie auch die
Gemütsseele oder das Gemüt nennen. Die Verstandesseele durchdringt die Empfindungsseele.»[10]

Zuerst denkt man hier an einen Widerspruch:
Denken und Gemüt sind doch nicht ein und dasselbe! Und doch, beim näheren Anschauen dieser

beiden Seelenäußerungen entdeckt man bald, wo sie sich dynamisch durchdringen: Als denkende Seele, als Fähigkeit, die Welt im Denken zu verinnerlichen, öffnet sie uns andere und weitere Möglichkeiten der Welt- und Selbstfindung. Denkend erschließt sie sich die Gesetze, Ursachen und Wirkungen unserer Welt, und denkend erforscht sie auch die Tiefen der Seele. Die natürliche Welt um uns wird von vielfältigen Kräften erzeugt und durch unterschiedlichste Gestaltungsrhythmen am Leben gehalten. Anders hat sich in äonenlanger Entwicklung die mineralische Schicht unseres Kosmos gebildet, anders die Pflanzen-, Tier- und Menschenwelt. Die Verstandesseele ist wie ein Wahrnehmungsorgan für die vielschichtige Interaktion all der Gesetze, die die Welt «im Innersten» zusammenhalten. Nicht der Schein der Dinge interessiert sie primär, denn sie will in das Verborgene der Dinge eintauchen. Hier unterscheidet sie sich in ihrer Funktion von der sinnenbegeisterten Empfindungsseele. Der Schein der Rose ist zwar schön, aber die Entdeckung der unsichtbaren, aber denkbaren Gesetze, nach denen sie blüht, kann tiefere Empfindungen in uns wachrufen. Ein Teil unserer sonst nach außen orientierten Gefühlswelt wird durch die Arbeit des Denkens gleichsam verinnerlicht. Dadurch wird die Seele zur Gemütsseele. Gedankenfolgen können sie begeistern, unklares Denken bedeutet ihr Leid. Ihre Religion braucht nicht allein die Sinneswelt oder einen Kultus, denn ihr Gott ist unsichtbar und lebt auch in der Logik: oder im Logos, der in der Zeitenwende Mensch wurde und welcher nach den Oster-Ereignissen auch in den tieferen Schichten des Denkens erkannt werden kann. Die Verstandesseele ist der Ort, wo der Mensch eine anders nuancierte Ich-Qualität erleben kann, die einmal von Descartes klassisch formuliert wurde: «Cogito, ergo sum», ich denke, also bin ich. Die Hauptphase ihrer Entwicklung beobachten wir zwischen der Geburt der griechischen Philosophie und dem Anbruch der Neuzeit.

Sehr anschaulich wird dieser neue Einschlag in der inneren Verfassung der Menschheit in einem berühmten platonischen Dialog, *Phaidon,* der um die *Denkbarkeit* des Fortlebens der Seele nach dem Tode zu beweisen geführt wird. Dem alten Ägypter hätte eine mythologische Erzählung oder eine *Folge von Bildern* gereicht, wie beispielsweise eine der vielen Darstellungen des Seelenweges des Menschen nach dem Tode, um von der Unsterblichkeit überzeugt zu werden. Der Denker im Menschen verlangte mehr und mehr Argumente. Freilich hat sich diese Entwicklung bereits lange vorher angebahnt und nicht nur im Lande des Nils. Außerdem muss man bei bewusstseinsgeschichtlichen Betrachtungen immer bedenken, dass es nicht nur Höhepunkte gibt, sondern auch Vorläufer und Nachzügler, deren zeitliches Zusammentreffen oft zu erbitterten Konflikten führt, in der Regel zum Nachteil derjenigen, die für das Neue eintreten. Das kann vorbildlich am Schicksal des Sokrates, um dessen letzten Stunden es im *Phaidon* geht, erlebt werden.

Stellen wir uns das antike Athen vor, am Fuße der Akropolis gelegen, mit ihren hellen Tempeln, zu denen man durch große Vorbauten, die Propyläen, gelangte. Diese Stadt, Symbol von Kultur und Zivilisation durch die Jahrhunderte, unter dem Schutz der kämpferischen Weisheitsgöttin Athene geboren, hat selten und auch nur wenige Jahre der Ruhe gekannt. Etwa drei Jahre schon war Platon ein Jünger des Sokrates geworden, als der Areopag, damals das höchste Regierungs- und Gerichtsorgan, ihn zum Tode verurteilte. Durch die üble Verleumdung von drei Männern war er angeklagt worden, neue Götter einzuführen und die Jugend zu verderben. Eine Flucht lehnte er entschieden ab, und so sehen wir ihn im Gefängnis, kurz bevor ein Sklave ihm den Giftbecher darreicht, wie er voll inneren Feuers seine Gedanken über die Unsterblichkeit der Seele einer betroffenen und unglücklichen Schülerschar dialektisch vorträgt.

So schildert uns Platon diese Szene, in der sich Sokrates direkt an Kebes wendet, der sich davor kritisch-zweifelnd geäußert hatte:

«SOKRATES: Frage dich aber nicht nur vor den Menschen, wenn du es leichter einsehen willst, sondern auch vor den Tieren und Pflanzen, überhaupt vor allem, was entsteht und wird, ob alles nicht aus seinem Gegensatz und nur aus diesem entstehe, so es einen Gegensatz hat, gleichwie das Schöne im Hässlichen und das Gerechte im Ungerechten seinen Gegensatz findet – ich könnte noch tausend andere Beispiele nennen. Das, sage ich, müssen wir zu erfahren suchen, ob nicht ganz notwendig von allen Dingen, die einen Gegensatz haben, ein jegliches aus eben seinem Gegensatz entstehe. So zum Beispiel muss, sooft ein Größeres entsteht, dieses sich aus einem Kleineren gebildet haben. Ein Ding muss zuerst kleiner gewesen sein, um dann größer zu werden, nicht wahr?

KEBES: Ja.

SOKRATES: Und umgekehrt: ein Kleineres muss zuerst größer gewesen und kann dann erst kleiner geworden sein?

KEBES: Ja.

SOKRATES: Und aus dem Stärkeren muss das

Schwächere und aus dem Langsameren das Schnellere entstanden sein?

KEBES: Natürlich.

SOKRATES: Und weiter, wo sich ein Schlechteres gebildet hat, muss dieses nicht aus einem Besseren, und dort, wo sich ein Recht bildet, dies aus einem Unrecht entstanden sein?

KEBES: Selbstverständlich.

SOKRATES: Daran dürfen wir uns also halten: Alles entsteht aus seinem Gegensatz?

KEBES: Ja.

SOKRATES: Liegt es nun nicht in der Sache, dass zwischen zwei Gegensätzen zwei Arten der Entstehung möglich seien, vom einen zum anderen und dann umgekehrt von diesem zu jenem zurück? Zwischen einem Größeren und einem Kleineren besteht Wachstum und Verfall, wir nennen das Werden einmal Wachsen, das andere Mal Verfall, nicht wahr?

KEBES: Gewiss.

SOKRATES: Und nimm das Scheiden und Mischen, das Kaltwerden und Warmwerden und so fort: wenn wir auch manchmal nicht für alles die Worte haben, tatsächlich gilt es unbedingt überall, dass die Zustände stets einer aus dem anderen entstehen und dass auf diese Weise alles wird?

KEBES: Ja.

SOKRATES: Nun merke auf! Hat nicht auch das Leben einen Gegensatz, gleichwie das Wachen diesen im Schlafe besitzt?

KEBES: Gewiss.

SOKRATES: Und wo?

KEBES: Im Sterben.

SOKRATES: Werden also das Leben und das Sterben, so beides Gegensätze sind, nicht auseinander entstehen, muss nicht ein zwiefaches Werden zwischen beiden statthaben, Kebes?

KEBES: Natürlich.

SOKRATES: Wir sprechen als von zwei Paaren, das eine Paar will ich dir, das andere magst du mir dann näher bestimmen. Ich nenne das erste Paar Schlafen und Wachen und sage: aus dem Schlafen entsteht das Wachen und aus dem Wachen das Schlafen, und die Übergänge aus dem einen ins andere heiße ich Einschlafen und Aufwachen. Stimmt das?

KEBES: Ja, das stimmt.

SOKRATES: Sprich du mir also jetzt vom zweiten Paar, vom Leben und vom Tod! Du sagst doch, dass Leben und Tod Gegensätze seien?

KEBES: Ja.

SOKRATES: Und dass beide auseinander entstehen?

KEBES: Natürlich

SOKRATES: Was wird also aus dem Leben, Kebes?

KEBES: Der Tod.

SOKRATES: Und was aus dem Tode?

KEBES: Das Leben, natürlich.

SOKRATES: Aus dem Toten wird also, Kebes, alles Lebendige, wird der Mensch?

KEBES: Es scheint so.

SOKRATES: Dann sind also unsere Seelen in der Unterwelt?

KEBES: Ja.

SOKRATES: Von diesem zwiefachen Werden ist uns nun das eine deutlich. Ich meine, das Sterben – darüber sind wir uns doch klar?

KEBES: Gewiss.

SOKRATES: Wie werden wir's nun machen? Soll diesem Werden nicht ein Entgegengesetztes entsprechen? Sollte wirklich die Natur auf der einen Seite lahmen? Oder ist es nicht vielmehr unbedingt notwendig, das Sterben mit einer neuen Geburt gleichsam zu vergelten, Kebes?

KEBES: Unbedingt.

SOKRATES: Und mit welcher?

KEBES: Dem Wiederaufleben, Sokrates.

SOKRATES: Und wenn es wirklich so etwas gibt, müsste dieses Wiederaufleben nicht das Werden, die neue Geburt des Lebendigen aus dem Toten sein?

KEBES: Natürlich.

SOKRATES: Also auch darin sind wir uns einig: die Lebenden entstehen ebenso aus den Toten, wie die Toten aus den Lebenden. Und damit dürften wir auch bewiesen haben, dass sich die Seelen der Verstorbenen notwendig an einem Orte befänden, von dem sie wieder zum Leben emporkämen.

KEBES: Aus unseren Voraussetzungen scheint sich dies allerdings zu ergeben.»[11]

In der Überzeugung seines eigenen Fortlebens, als das Gift bereits den ganzen Unterleib zur Erstarrung gebracht hatte, und wissend, dass er durch den Tod zum wahren Heil gelangt, sagt er noch zu Kriton: «Ich bin dem Asklepios noch einen Hahn schuldig, vergiss nicht, ihn zu opfern.»

Asklepios war der Gott der Heilkunst. Das in Sokrates erwachte «Denk-Ich», ein Strahl des göttlichen Logos, des «Heilands», hatte seine große Seele berührt.

Ein Marmorblock in Florenz –
Vom Willens-Ich

Der Impuls der Verstandesseele erweckte in den Menschen weltweit nicht nur die Philosophie – die Liebe zur Weisheit –, sondern auch eine besondere Fähigkeit zur Introspektion. Kein Geringerer als Heraklit, der Weise von Ephesus, schrieb einmal: «Ich machte mich fragend auf den Weg zu mir selbst»,[12] damit eine Suche beginnend, die, menschheitlich gesehen, auch heute noch nicht beendet ist. Die Entfaltung der Verstandes- und Gemütsseele bedeutet einen großen Schritt in der Evolution der Menschheit zu den Tiefen des Selbst und zu den damit zusammenhängenden Höhen des Geistes. Im Mittelalter schreitet dieser Prozess weiter fort. Er wird beispielsweise in der Hochblüte der Scholastik erlebbar wie auch in der religiösen Innigkeit gottergebener Menschen. Das Denken und das Gemüt erfuhren in dieser Zeit eine wesentliche Kräftigung und Spiritualisierung zugleich, aber auch in den Jahrhunderten danach und nicht nur im Rahmen des historischen Christentums.

«Denken selbst ist heilig. Denken selbst ist die Gegenwart Gottes», schreibt der jüdische Philosoph

Abraham Joschua Heschel.[13] Selbstverständlich, je nach Artung des Gemütes, kann der Mensch durch abstraktes Denken auch zum Atheisten werden; damals wie heute.

In diesem fortlaufenden Entstehen neuer, bisher latenter Bewusstseinsqualitäten, ergänzen und erweitern sich die einzelnen Funktionen der Seele. Genauso wie die Empfindungsseele, ihre Bedeutung für das Leben auf Erden behaltend, durch die Denktätigkeit mehr und mehr verinnerlicht wird, so ergreift im Laufe der Neuzeit ein weiteres, sehr komplexes Element das Ruder in der Ich-Entwicklung der Menschheit: die Bewusstseinsseele, die wiederum dazu bestimmt ist, die beiden anderen Funktionen zu ergänzen und in ihren spezifischen Eigenschaften gleichsam zu erhöhen. Dieses neue Seelenglied ist auch deshalb so komplex und in weiten Bereichen noch nicht erforscht, weil wir uns alle noch mitten in seiner Entwicklung befinden. Ermöglicht uns die Empfindungsseele, stark vereinfacht, ein «Sinnes-Ich» und die Verstandesseele ein «Denk-Ich», wie sie vorhin beschrieben wurden,[14] so ist die Gabe der Bewusstseinsseele eine solche, die man auch als «Willens-Ich» bezeichnen kann. Ich möchte diesen Zusammenhang wieder mit einem Bild veranschaulichen, mit einer Szene, die sich im Florenz der Renaissance abgespielt hat.

Wir befinden uns an der Schwelle zum 16. Jahrhundert. In der Nähe der Kirche Santa Maria del Fiore liegt ein Marmorblock, der neben vielen Beschädigungen auch Zeichen einer Rohbearbeitung zeigt, eigentlich ziemlich verschandelt und dazu mit ein paar Löchern versehen. Der junge Michelangelo, etwa sechsundzwanzigjährig, wird wie magisch von dem Riesenblock angezogen. Er kommt täglich hin, betrachtet ihn, misst ihn und schließlich stellt er bei der Stadtregierung von Florenz den Antrag, ihn bearbeiten zu dürfen, um daraus, wie er sagt, einen «Giganten» zu machen. Allerdings: Kein Geringerer als auch der berühmte Leonardo da Vinci hatte sich dafür interessiert! Aber der Jüngere, eben Michelangelo, erhält den Auftrag. Von 1501 bis 1504 dauert die intensive Arbeit an diesem verlassenen Stück Marmor. Oft Tag und Nacht, ohne Rücksicht auf die Zeit, ohne Feiertage, meißelt, glättet und klettert er herauf und herunter an den Gerüsten bei völliger Zurückgezogenheit in der Abgrenzung der Dombauhütte, um sich der Sicht der Neugierigen zu entziehen. Langsam wird aus dem scheinbaren Nichts das wunderbare Antlitz geboren. So vollendet Michelangelo ganz allein dieses einmalige Werk – 4,34 Meter hoch, inklusive Sockel –, das damals wie heute jeden in seinen Bann zieht: den «David».

Dieses Marmorbild steht da: fest in sich ruhend, unerschrocken dem Goliath gegenüber, nach vorne blickend. Michelangelo erlebte bei den meisten seiner Zeitgenossen das sture Festhalten an alten Traditionen und Anschauungen übermächtig wie einen Goliath. Ja, in einer Notiz vergleicht er sich in seiner Haltung mit David selbst. Und er weiß, dass er, der Kleinere, in dem aber die Zukunft lebt, letztlich den Sieg davontragen wird. Es ist die Bewusstseinsseele, die ihren Einzug in die Menschheit durch diesen einsamen Künstler und durch andere Zeitgenossen weltweit offenbart: Michelangelo hat mit dem «David» eigentlich einem inneren Ideal, dem Ideal eines neuen Menschen, der aus einem unfertigen und mitunter unförmigen Seelengrunde heraus durch eigene Kraft gestaltet wird, dauerhaften Ausdruck verliehen. Diese gestaltende Kraft ist deckungsgleich mit dem bereits erwähnten «*Willens-Ich*», das dazu bestimmt ist, seiner inneren Natur nach die weitere Entfaltung der Seele selber zu übernehmen. Die Bewusstseinsseele, anders als die Empfindungsseele und die Verstandesseele, die uns von den Schöpfermächten gleichsam geschenkt wurden, ist uns sozusagen nur zum Teil gegeben worden: Die Sinne sind ohne mein Zutun da. Das Denken finde ich als eine Grundfähigkeit vor. Meine innere Weiterentwicklung, geistig, moralisch, sozial und in jeder anderen Hinsicht, kann ich nur selber vorantreiben. Keine andere Macht als unser eigener Wille darf uns hier lenken. Das Wort Luthers «Hier stehe ich und kann nicht anders» ist ein Manifest der ansetzenden Bewusstseinsseele, der, wie Rudolf Steiner einmal schreibt, «die höchste Äußerung des ‹Ich›» angehört.[15] Und damit hängt das zentrale Moment der *Freiheit* zusammen. Ein Zeitgenosse Michelangelos, der profunde Denker und Universalgelehrte Giovanni Pico della Mirandola, äußerte sich einmal über die Würde des Menschen und über seine Stellung im Kosmos. Er stellt es dar in einer Rede, die Gott an den Menschen richtet:

«Wir haben dir keinen bestimmten Wohnsitz, noch ein eigenes Gesicht, noch irgendeine besondere Gabe verliehen, o Adam, damit du jeden beliebigen Wohnsitz, jedes beliebige Gesicht und alle Gaben, die du dir sicher wünschst, auch nach deinem Willen und nach deiner eigenen Meinung haben und besitzen mögest. Den übrigen Wesen ist ihre Natur durch die von uns vorgeschriebenen Gesetze bestimmt und wird dadurch in Schranken gehalten. Du bist durch keinerlei unüberwindliche Schranken gehemmt, sondern du sollst nach deinem eigenen freien Willen, in dessen Hand ich dein Geschick gelegt habe, sogar jene Natur dir selbst vorherbestimmen. Ich habe dich in die Mitte der Welt gesetzt, damit du von dort bequem um dich schaust, was es alles in dieser Welt gibt. Wir haben dich weder als einen Himmlischen noch als einen Irdischen, weder als einen Sterblichen noch einen Unsterblichen geschaffen, damit du als dein eigener, vollkommen frei und ehrenhalber schaltender Bildhauer und Dichter dir selbst die Form bestimmst, in der du zu leben wünschst. Es steht dir frei, in die Unterwelt des Viehes zu entarten. Es steht dir ebenso frei, in die höhere Welt des Göttlichen dich durch den Entschluss deines eigenen Geistes zu erheben.»[16]

Damit ist auch zum Ausdruck gebracht, dass der Mensch prinzipiell in der Lage ist, frei, seinem eigenen Willen folgend, zum *bewussten* Bild Gottes zu werden. Die am Anfang der Genesis durch Moses geschilderte Schöpfung des Menschen würde damit ihre eigentliche Zielsetzung erreichen. Wir entdecken in den Worten Picos eine Ähnlichkeit zu dem, was vorhin über den «David» gesagt wurde. War das Michelangelos Absicht, einen solchen «neuen» Menschen zu schaffen? Es ist zwar hier nicht der Ort, dieser Frage nachzugehen, aber denkbar ist ein solcher Bezug schon. Verkehrten doch beide, der frühreife Knabe Michelangelo als Hausgenosse und der um zwölf Jahre ältere Humanist als zeitweiliger Gast, für eine gewisse Zeit im Hause Lorenzo de'

Medicis, des Stadtherrschers von Florenz, in dem sich die besten Geister, nicht zuletzt die der von Marsilio Ficino geleiteten neuen Platonischen Akademie, zu regelmäßigen Diskussionsabenden einfanden. Wie auch immer: Die Krisen und Drangsale unserer Gegenwart mit ihren Gefahren, mit ihrer Unsicherheit, Sinnsuche und Einsamkeiten – auch ein Bild für einen «Goliath» – bekommen in diesem Lichte eine andere Dimension. Wenn man dieses Bild des noch nicht fertigen Menschen mit jenem Marmorblock im Hintergrund der Fassade von Santa Maria del Fiore, als Bild des zivilisatorisch Gewordenen, in Beziehung bringt, dann wird einem besonders klar, dass unsere Welt, heute wie damals, nur durch Selbsterziehung in eine menschenwürdige Zukunft einmünden kann. Denn nur auf die souveräne Autonomie des Individuums, auf die Kraft des «Willens-Ich», das im Sinne Picos eine neue, im Göttlichen wurzelnde Spiritualität und Moralität begründen kann, kommt es an – und auf Gemeinschaften von Menschen, die ein solches Ideal verwirklichen möchten. Diese Entwicklung zur Freiheit, als Ruf des wahren Zeitgeistes, wurde von Rudolf Steiner in der *Philosophie der Freiheit* auch so formuliert: «Die Natur macht aus dem Menschen bloß ein Naturwesen; die Gesellschaft ein gesetzmäßig handelndes; ein *freies* Wesen kann er nur *selbst* aus sich machen. Die Natur lässt den Menschen in einem gewissen Stadium seiner Entwicklung aus ihren Fesseln los; die Gesellschaft führt diese Entwicklung bis zu einem weiteren Punkte; den letzten Schliff (!) kann nur der Mensch sich selbst geben.»[17] In der Tat, in der Empfindungsseele sind wir noch weitgehend Natur, da sinnengebunden. Die Verstandes- und Gemütsseele ergänzt und integriert sie durch Denkarbeit und Innerlichkeit, durch Werte, welche durch Verstandeskultur, Aufklärung und an-*erkannte* Gesetze ermöglicht werden, während die Bewusstseinsseele noch ein Torso ist. Daher kann alles, was heute darüber gesagt werden kann, auch über die sich weiter entwickelnden anderen Seelenglieder, nur ein Torso sein. Auch diese Arbeit macht keine Ausnahme, zumal sie lediglich als Anregung zum Weiterdenken und -forschen gemeint ist.[18]

Dieser Ich-Wille, wie er hier genannt wird, oder dieses Willens-Ich, hat selbstverständlich mit so etwas wie dem Willen zur Macht nichts zu tun. Der Wille zur Macht, wie ihn Nietzsche darstellt oder Machtwille, wie er in jedem Menschen lebt, gehört noch zum unbehauenen Rohstoff der Evolution. Das Willens-Ich, wie es aus der Bewusstseinsseele gleichsam heraus geboren wird, dämmert schon im *Ich-bin-Sagen* auf, in diesem einfachen Akt der Selbstbetätigung und Selbstbestätigung zugleich. Unser Ich ist das Einzige in unserer Welt, das sich selbst erfassen, benennen und be-*greifen* kann. Alles andere kann bekanntlich nur von außen erfasst, benannt und begriffen werden. Dieses Sich-selbst-Wissen des Ich ist eine rein geistige Intuition. Hier spricht Bewusstseinslicht, nicht Materie. Es ist eine nach innen gewandte Willensbetätigung, die, recht meditiert, wichtige Erkenntnisse zeitigen kann.

Zusammenfassend kann gesagt werden: Mein Ich kann ich *durch* das Erleben der Körperlichkeit *empfinden* – «Ich habe Hunger», «Ich erlebe Schönheit». Ferner kann ich es *durch* mein Denken *erkunden* – «Wie habe ich mich in den letzten Jahren verändert!» Aber *geistig ergreifen,* in dem Augenblick, wie es in meinem Bewusstsein auftaucht, kann ich es nur *durch mich selbst.* Daher kann sich die Tätigkeit der Bewusstseinsseele nicht primär im Sinnlichen abspielen oder in der gewöhnlichen Denkbetätigung, obwohl sie auch beide umfasst. Sie ist der Ort reinsten, in sich geschlossenen Ich-Bewusstseins und dadurch Quellort existenzieller Einsamkeit. Als ein Seelenglied, das sich zuerst in der Geschlossenheit des eigenen Körpers darlebt, hat sie zuerst ein eher nüchternes Verhältnis zur äußeren sinnlichen Welt. Dadurch kann sie auf ihre Umgebung gewissermaßen wie ein unbeteiligter Zuschauer blicken. «Ein wirkliches, reines Anschauen der Sinneswelt» wird von ihr ermöglicht, das «in den früheren Zeiträumen nicht da» war.[19] Aber auch zur geistigen Welt hat sie zunächst ein distanziertes Verhältnis, weil sie primär der Ort menschlicher Freiheit ist. Als in sich ruhende Instanz, wenn die Welt der Sinne und die Welt des Geistes schweigen, kann sie unter Umständen den *horror vacui* des Nichts erfahren, wenn auch, in der Regel, nur für Augenblicke. Aber das ist nur die eine Seite der Medaille. Die andere besteht in dem Wort, das Faust zu Mephistopheles spricht: «In deinem Nichts hoff ich das All zu finden.»[20] Welches «All»? Faust schickt sich an, in die Welt der «Mütter» einzudringen, eine ganz bestimmte Sphäre der geistigen Welt, in der, nach Goethe, sich die Urbilder «aller Kreatur» in einer ewigen «Gestaltung, Umgestaltung» durch göttliche Kräfte befinden. Das ist aber die Welt, in die ich bereits die ersten Schritte mache, wenn ich mehr und mehr *Wahrheit* in meinem Denken erfasse und *Güte* in meinem Handeln zulasse. Daran knüpft auch Steiner in einigen Formulierungen an, die ein bedeutender Meditationsstoff werden können: «In seiner Seele sucht der Mensch nach Wahrheit; und durch diese Wahrheit spricht sich nicht allein die Seele, sondern sprechen sich die Dinge der Welt aus. Was durch das Denken als Wahrheit erkannt wird, hat eine *selbstständige Bedeutung* [...] In dem Ergreifen der Wahrheit verbindet sich die Seele mit etwas, das seinen Wert in sich selber trägt. [...] Was wirklich Wahrheit ist, das entsteht nicht und vergeht nicht; das hat eine Bedeutung, die nicht vernichtet werden kann [...] Und wie mit dem Wahren, so ist es mit dem *wahrhaft Guten.* Das Sittlich-Gute ist unabhängig von Neigungen und Leidenschaften, insofern es sich nicht von ihnen gebieten lässt, sondern ihnen gebietet [...] Das Sittlich-Gute hat ebenso wie die Wahrheit seinen Ewigkeitswert in sich und erhält ihn nicht durch die Empfindungsseele.

Indem der Mensch das selbstständige Wahre und Gute in seinem Innern aufleben lässt, erhebt er sich über die bloße Empfindungsseele. Der ewige Geist scheint in diese herein. Ein Licht geht in ihr auf, das unvergänglich ist. Sofern die Seele in diesem Lichte lebt, ist sie eines Ewigen teilhaftig. Sie verbindet mit ihm ihr eigenes Dasein. Was die Seele als Wahres und Gutes in sich trägt, ist *unsterblich* in ihr. – Das, was in der Seele als Ewiges aufleuchtet, sei hier *Bewusstseinsseele* genannt.»[21]

So gesehen, gehört auch die reinste Form der Mystik, wie sie sich beispielsweise in Meister Eckhart

darlebt, zu dem gesamten Komplex «Bewusstseinsseele» dazu.

Ein weiterer, zentraler Aspekt der Bewusstseinsseele,
soweit er für das Thema dieser Arbeit relevant ist, muss
noch berührt werden, denn bisher ist nur vom «Willens-Ich» und vom Ewigen, das in ihr aufleuchtet, die
Rede gewesen. Dieses dritte Moment, entsprechend
der Willensintensität, die der Bewusstseinsseele innewohnt, ist das Denken, nicht als bloß rezeptiv, reflek-
tierender Intellekt verstanden, sondern als dynamisch-
intuitive Intelligenz. Unser «Denk-Ich» nimmt zwar
die Gedanken wahr, wie sie im Bewusstsein aufleuchten, weiß aber nicht, woher sie eigentlich stammen.
Das «Willens-Ich», das eigentliche schöpferische
Vermögen in uns – im Künstlerischen, im Sozialen
und in allen Möglichkeiten des Tuns –, offenbart
sich in der weiterentwickelten Bewusstseinsseele fast
unverhüllt: Es ist die Denk-Potenz an sich, die intuitiv
als ein Schöpferreich neuer Gedanken und origineller
Handlungen erfahren wird.

In Anlehnung an die vorhin zitierte Stelle des *Faust,*
in der von den Urbildern aller Kreatur die Rede ist,
die sich in ewiger Gestaltung und Umgestaltung befinden, kann man auch sagen, dass diese schöpferische Intelligenz im Reich der «Mütter» ihre lebendige Quelle hat. Unser Verstand, wie wir ihn täglich

benützen, so nüchtern und materiell orientiert er auch in wissenschaftlichen Fragen sein mag, ist nach Goethe zugleich der Schlüssel zu diesem besonderen Reich, das in jedem von uns kraftet. So kann man durchaus folgende Stelle interpretieren, wenn in Mephistopheles die Macht gesehen wird, die unserem Denken eine materialistische Färbung gibt.

Faust, den wir als Vertreter der Bewusstseinsseele ansehen können, als suchenden, irrenden und Neuland entdeckenden Zeitgenossen, hat eben vom Reich der «Mütter» gehört und will hin.

FAUST: Wohin der Weg?
MEPHISTOPHELES: Kein Weg! Ins Unbetretene,
Nicht zu Betretende! Ein Weg ans Unerbetene,
Nicht zu Erbittende! Bist du bereit? –
Nicht Schlösser sind, nicht Riegel wegzuschieben,
Von Einsamkeiten wirst umhergetrieben.
Hast du Begriff von Öd und Einsamkeit?
… … …
MEPHISTOPHELES: Und hättest du den Ozean durchschwommen,
Das Grenzenlose dort geschaut,
So sähst du dort doch Well auf Welle kommen,
Selbst wenn es dir vorm Untergange graut.
Du sähst doch etwas; sähst wohl in der Grüne

Gestillter Meere streichende Delfine,
Sähst Wolken ziehen, Sonne, Mond und Sterne –
Nichts wirst du sehn in ewig leerer Ferne,
Den Schritt nicht hören, den du tust,
Nichts Festes finden, wo du ruhst.
FAUST: Du sprichst als Erster aller Mystagogen,
Die treue Neophyten je betrogen;
Nur umgekehrt. Du sendest mich ins Leere,
Damit ich dort so Kunst als Kraft vermehre,
Behandelst mich, dass ich, wie jene Katze,
Dir die Kastanien aus den Gluten kratze.
Nur immer zu! wir wollen es ergründen:
In deinem Nichts hoff ich das All zu finden.
    MEPHISTOPHELES: Ich rühme dich, eh du dich von mir trennst
Und sehe wohl, dass du den Teufel kennst.
Hier diesen Schlüssel nimm!
    FAUST: Das kleine Ding!
    MEPHISTOPHELES: Erst fass ihn an und schätz ihn nicht gering!
    FAUST: Er wächst in meiner Hand! er leuchtet! blitzt!
    MEPHISTOPHELES: Merkst du nun bald, was man an ihm besitzt?
Der Schlüssel wird die rechte Stelle wittern;
Folg ihm hinab: er führt dich zu den Müttern!²²

Somit ist das «kleine Ding», das in unserer Hand wächst, leuchtet und blitzt, ein zutreffendes Bild für die wunderbare Kraft, die unserem Denken innewohnt und welche wir durch den Entschluss unseres «eigenen Geistes», würde Pico della Mirandola sagen, auch erwecken können.

Damit rundet sich jetzt diese aphoristische Betrachtung über die Seele in ihrer Beziehung zum Leibe, zu sich selbst und zum Geiste ab, wie sie in der kurzen Zeitreise vom alten Ägypten über Athen und Florenz entwickelt wurde.

Die nächste Frage wird sein: Was bedeutet die Wirksamkeit Christi für unsere Empfindungsseele, für die Verstandes- und Gemütsseele und für die Bewusstseinsseele? Und inwiefern hängen die großen Apostel Petrus, Paulus und Johannes damit zusammen?

Petrus der Fels

«Weiterhin sage ich: Solange der Erbe unmündig ist, unterscheidet er sich noch nicht von einem Knecht, obwohl er doch Herr über alles ist; er untersteht seinen Erziehern und den Verwaltern bis zu der von seinem Vater vorbestimmten Zeit. So war es auch bei uns: Solange wir unmündig waren, waren wir den Elementen der irdischen Natur untergeordnet und dienstbar. Als aber die Erfüllung der Zeit kam, sandte Gott seinen Sohn, von einem Weibe geboren und dem Gesetz unterworfen: Er sollte die, die unter dem Gesetz standen, aus diesem Bann befreien, damit wir die Sohnschaft empfangen könnten. Nun, da ihr Söhne geworden seid, hat Gott den Geist seines Sohnes in eure Herzen gesandt, der ruft: Abba! Vater! So bist du kein Knecht mehr, sondern Sohn. Wenn du aber Sohn bist, so bist du auch Erbe nach dem Willen Gottes.

In den Zeiten, als ihr Gott noch nicht erkanntet, dientet ihr Mächten, die dem Wesen nach keine Götter sind. Jetzt erkennt ihr Gott, vielmehr: ihr werdet von Gott erkannt; wie kommt es nun, dass ihr euch den kraftlosen und armen Elementen wieder zuwendet, warum wollt ihr ihnen erneut dienstbar sein? Ihr haltet euch ängstlich an bestimmte Tage und Monate, Zeitabschnitte und Jahre [...] So fasset denn Fuß in der Freiheit, zu der Christus uns befreit hat; lasst euch nicht wiederum in das Joch der Knechtschaft spannen.»[23]

Diese eindringlichen Worte des «Heidenapostels» sind in mancherlei Hinsicht bemerkenswert. Nicht zuletzt fassen sie das zusammen, was in den vorangegangenen Kapiteln bereits ausgeführt wurde. Paulus, selber ein Kind seiner Zeit, unter dem «Gesetz» geboren, aber auch Vorläufer eines zukünftigen Christus-Bewusstseins – eine «Frühgeburt» wird er sich einmal nennen[24] –, lässt hier in knappen Strichen drei Entfaltungsstufen der Seele vor uns entstehen, in denen wir unschwer Elemente der Empfindungsseele, der Verstandesseele und der Bewusstseinsseele wiedererkennen. Und Paulus weiß auch von Entwicklungsgesetzen, von einer geistigen Führung der Menschheit Bescheid; er würde sonst nicht schreiben, dass die «Erfüllung der Zeit» gekommen ist.

Durch die «Sohnschaft» entsteht nach und nach die wahre innere Freiheit gegenüber den «Elementen der irdischen Natur» in der Seele und dem ängstlichen Halten «an bestimmte Tage und Monate, Zeitabschnitte und Jahre», bedingt durch eine starke, instinktive Anbindung an die Kräfte der Natur und an die Tradition. Die Galater, an die sich diese Worte richten, waren ja ursprünglich Kelten, deren tiefe Spiritualität weitgehend in ihrem Zusammenleben mit der Natur und ihren Rhythmen wurzelte. Das alles sind klare Merkmale der Empfindungsseele. Ferner war man zur Zeit von Jesu Geburt, im Sinne des Alten Testamentes, dem «Gesetz» unterworfen, einem Element, das sich stark an die Verstandeskräfte wendet. Man denke an das weitverbreitete Schriftgelehrtentum der damaligen Zeit. Im Sinne Paulus' bedeutete diese Unterwerfung «ein Joch der Knechtschaft» und erst der Impuls des Christus brachte der Seele die Freiheit.

Paulus, als «Frühgeburt», trug bereits Elemente der Zukunft in seiner Seele. Das ist mit der Grund gewesen, warum er in der jerusalemitischen Christengemeinde es bekanntlich schwer hatte, verstanden zu werden. Überhaupt war die Verkündigung der «frohen Botschaft», des Evangeliums, angesichts der Fülle an geistigen Strömungen und Mysterienkulten, die damals im römischen Reich und darüber hinaus herrschend waren,[25] eine sehr komplexe, aber auch risikoreiche Aufgabe. Es mussten also Übergänge geschaffen werden. Durch die besondere Qualität von Weisheit und Liebe, die im Urchristentum in den echten Repräsentanten der neuen Religion lebte, ist anzunehmen, dass die Christusboten – Männer wie Frauen –, welche nach und nach in allen Himmelsrichtungen wirkten, es auch zu verwirklichen wussten. Indem sie an bestehende Überlieferungen anknüpften, ohne den missionarisch-fanatischen Einschlag, der in späteren Jahrhunderten oft vorkommen sollte, schufen sie Voraussetzungen, dass der Christus in die aufnahmebereiten Seelen einziehen konnte, und zwar in jede gemäß ihrer besonderen Individualität, ihrem individuellen Ich. Konkret heißt das: gemäß der spezifischen Gestalt und dem einmaligen Zusammenklang von Empfindungsseele, Verstandes- und Gemütsseele und Bewusstseinsseele. Um die Christus-Wirksamkeit damals bis heute in ihrer Spannweite zu verstehen, ist jetzt wichtig, sich eine Vorstellung zu bilden, wie diese drei Seelenglieder den Christus aufnehmen und erkennen können. Das kann urbildlich an drei führenden Gestalten des Urchristentums gezeigt werden: An Petrus, Paulus und Johannes dem Evangelisten. Zwar ragen diese Individualitäten in ihrer ganzen seelisch-geistigen Konstitution über den Rahmen einer solchen Klassifizierung hinaus. Sie tragen jedoch, jeder auf seine Art, deutliche Merkmale der bereits geschilderten Qualitäten. Es ist ein Dreigestirn, das zugleich ein

Schlüssel ist, in das Christus-Mysterium der Evolution mehr und mehr einzudringen. Schauen wir zuerst Petrus an, den Fischer aus Galiläa.

Wie sah damals das Land um den See Genezareth aus? Josephus Flavius, Geschichtsschreiber aus der Zeit der Apostel, beschreibt dieses Gebiet als einen sehr fruchtbaren, gut bewässerten Landstrich, wo Feigen, Nussbäume und Palmen reichlich Frucht trugen. Der See, auch galiläisches Meer genannt, wird im Alten Testament Kinnereth genannt, «Harfe»;[26] ein ungewöhnlicher Name für einen See. War es vielleicht so, als ob die Menschen von alters her in seinem bewegten Spiel mit den Elementen, zuweilen mächtig aufbrausend, manchmal leise bewegt, den blauen Himmel oder die unzähligen Sterne spiegelnd, eine kosmische Melodie hörten, von unsichtbaren Mächten improvisiert? Einen Seelenton, der ihre Empfindungen zu Sonnenwelten einer vorgeburtlichen Seligkeit emporhob und daher der Name «Harfe»? Ich kann mich selber gut erinnern, wie selig ich als Kind war, wenn wir ans Meer fuhren und ich vor der stillen, blauen, in leichten Wellen atmenden Weite stand, unter einem unendlich blauen Sonnenhimmel. Wer hat nicht solche oder ähnliche Kindheitserlebnisse gehabt? Damals müssen die Menschen, die um diesen wunderbaren See wohnten, zumal Fischer, die mit dem See und seinen Stimmungen intensiv zusammenlebten, ähnliche Empfindungen wie Kinder gehabt haben, bevor der Intellekt nach und nach die Tore zum Himmel schließt, um sie erdentüchtig zu machen. Noch ein Kirchenvater wie Origenes konnte etwa zwei Jahrhunderte danach die Präexistenz der Seele vor der irdischen Geburt thematisieren und bejahen. So ähnlich muss Petrus damals seinen See erlebt haben. In dem Gedicht *Gesang der Geister über den Wassern* von Goethe kann man ähnliche Eindrücke und Stimmungen wie die vorhin geschilderten entdecken. Wasser, Felsen, Sterne, Wind, werden für eine höhere Sinngebung, für die Vorgeburtlichkeit des Menschen und für sein Schicksal auf Erden, durchsichtig:

> Des Menschen Seele
> gleicht dem Wasser:
> Vom Himmel kommt es,
> zum Himmel steigt es,
> und wieder nieder
> zur Erde muss es.
> Ewig wechselnd.
>
> Strömt von der hohen,
> steilen Felswand

der reine Strahl,
dann stäubt er lieblich
in Wolkenwellen
zum glatten Fels,
und leicht empfangen
wallt er verschleiernd,
leisrauschend
zur Tiefe nieder.

Ragen Klippen
dem Sturz entgegen,
schäumt er unmutig
stufenweise
zum Abgrund.

Im flachen Bette
schleicht er das Wiesental hin,
und in dem glatten See
weiden ihr Antlitz
alle Gestirne.

Wind ist der Welle
lieblicher Buhler;
Wind mischt vom Grund aus
schäumende Wogen.

Seele des Menschen,
wie gleichst du dem Wasser!
Schicksal des Menschen,
wie gleichst du dem Wind!

Oder man denke an Hölderlins *Hyperion*, wenn es heißt: «Ich habe es gefühlt, das Leben der Natur, das höher ist, denn alle Gedanken – wenn ich auch zur Pflanze würde, wäre denn der Schade so groß? Ich werde sein. Wie sollt ich mich verlieren aus der Sphäre des Lebens, worin die ewige Liebe, die allen gemein ist, die Naturen alle zusammenhält? Wie sollt ich scheiden aus dem Bunde, der die Wesen alle verknüpft?»

Aber auch Stärke, Impulsivität, bewegliches Temperament müssen für die Galiläer charakteristisch gewesen sein. Ja, sie waren «tapfer und leicht zum Aufstand zu bewegen».[27]

Damit hätten wir bereits wesentliche Züge des Fischers Simon, wie er im Neuen Testament geschildert wird. Er war verheiratet und gehörte mit seinem Bruder Andreas zu den Ersten, die Christus zu seinen Jüngern berief. Hier ein paar Stellen, aus denen Temperament, Charakter und Seelentiefe dieses besonderen Menschen sehr deutlich zum Ausdruck kommen.

Gerade hat der Christus das letzte Mahl mit den Jüngern eingenommen:

«Und es begann ein Streit unter ihnen, wer von ihnen wohl der Größte sei. Er aber sprach: Die Könige der Völker herrschen über die Menschen, und die Gewalthaber lassen sich Wohltäter der Menschen nennen. So soll es bei euch nicht sein. Wer unter euch groß sein will, der werde dem Jüngsten gleich, und wer Führer sein will, der diene den anderen. Wer ist denn größer, der zu Tisch Sitzende oder der Dienende? Ihr denkt: der zu Tisch Sitzende. Ich aber bin als der Dienende in eurer Mitte.

Ihr seid die, die in allen meinen Prüfungen mit mir ausgehalten haben. Und so übergebe ich euch das Reich, wie es mein Vater mir gegeben hat. Ihr sollt in diesem Reiche, das ich bringe, an meinem Tische essen und trinken. Ihr sollt auf den zwölf Thronen sitzen als Schicksalsführer der zwölf Stämme des Gottesvolkes. Simon, Simon, siehe, der Satan ist um euch bemüht; er wird euch durch das Sieb schütteln, wie man es mit dem Weizen macht. Ich habe für dich gebetet, dass deine innere Kraft nicht versage. Du sollst, wenn du dich wiedergefunden hast, deine Brüder stärken. Und Petrus sprach: Herr, ich bin bereit, mit dir in Gefangenschaft und in den Tod zu gehen. Aber er antwortete: Ich sage dir, Petrus, bevor heute der

Hahn kräht, wirst du dreimal geleugnet haben, mich zu kennen.»[28]

Was jetzt folgt, schildert Johannes so:

«Nach diesen Worten verließ Jesus mit seinen Jüngern das Haus und überquerte den tosenden Kidronbach. Auf dem anderen Ufer war ein Garten. In diesen Garten trat er mit seinen Jüngern ein. Diesen Ort kannte auch Judas, der ihn verriet; denn oftmals hatte Jesus seine Jünger dort um sich versammelt. So nahm denn Judas eine Abteilung von der römischen Kohorte und dazu einige von den Dienern der Hohenpriester und der Pharisäer und kam an mit Fackeln und Laternen und mit Waffen. Jesus nahm im Geiste alles wahr, was ihm bevorstand, und so trat er heraus und sprach zu ihnen: Wen suchet ihr? Sie antworteten: Jesus von Nazareth. Er sprach: Ich Bin es! Bei ihnen stand auch Judas, der ihn verriet. Als er nun zu ihnen sprach: Ich bin's, fuhren sie zurück und stürzten zu Boden. Und noch einmal fragte er sie: Wen suchet ihr? Sie antworteten wieder: Jesus von Nazareth. Und Jesus sprach: Ich sagte es euch: Ich Bin es. Wenn ihr mich sucht, so lasst diese ihrer Wege gehen. Es sollte sich das Wort erfüllen, das er gesprochen hatte: Von denen, die du mir gegeben hast, lasse ich nicht einen Einzigen verloren gehen.

Simon Petrus besaß ein Schwert. Das zückte er und

schlug damit auf den Diener des Hohenpriesters ein und hieb ihm das rechte Ohr ab. Der Name dieses Dieners war Malchus. Da sprach Jesus zu Petrus: Stecke dein Schwert in die Scheide! Soll ich den Kelch nicht trinken, den mir der Vater gegeben hat? Da ergriffen sie Jesus, die Soldaten und der Befehlshaber und die Diener der Juden, und fesselten ihn und führten ihn zuerst zu Hannas. Dieser war der Schwiegervater des Kajaphas, der in diesem Jahre das Amt des Hohenpriesters innehatte. Kajaphas war es gewesen, der den Juden den Rat gegeben hatte, es sei gut, wenn ein Mensch für das Volk stürbe.»[29]

Und nun spielt sich die ergreifende Szene der Verleugnung ab, worüber alle vier Evangelien berichten, wenn auch unterschiedlich nuanciert. Lukas erwähnt ein besonderes Detail, worauf ich nachher noch zurückkommen möchte:

«Und sie ergriffen ihn und führten ihn in das Haus des Hohenpriesters. Petrus folgte von ferne. Mitten in der Vorhalle wurde ein Feuer angezündet, und unter denen, die sich um das Feuer lagerten, war auch Petrus. Da sah ihn eine Magd am Feuer sitzen, schaute ihn genau an und sprach: Dieser war auch bei ihm. Er aber leugnete und sprach: Weib, ich kenne ihn nicht. Bald darauf sah ihn ein anderer und sprach: Du gehörst auch zu ihnen. Petrus aber erwiderte:

Mensch, ich bin es nicht. Und nach ungefähr einer Stunde behauptete wieder ein anderer mit Bestimmtheit: Wahrhaftig, dieser war auch bei ihm, denn er ist ein Galiläer. Aber Petrus sprach: Mensch, ich verstehe deine Worte nicht. In dem Augenblicke, als er dies sagte, krähte der Hahn. Und der Herr wandte sich um und blickte Petrus an. Da erinnerte sich Petrus des Wortes, das der Herr gesprochen hatte: Heute vor dem Hahnenschrei wirst du mich dreimal verleugnen. Und er ging hinaus und vergoss draußen bittere Tränen.»[30]

Wir sehen zuerst, wie Jesus Petrus' schwankendes Wesen – er ist wie ein Nachen in der Flut der Gefühle – richtig einschätzt. Aber dann, wenn er sich «wiedergefunden» hat, wird er seine Brüder stärken. Petrus lässt sich schnell durch eine äußere Veranlassung, ohne viel zu reflektieren, zu einer impulsiven Tat hinreißen. Es ist wirklich die eine Seite der Empfindungsseele, die immer wieder die Oberhand gewinnt, wie auch in der Szene der Gefangennahme: Petrus sieht, wie die Schergen Hand anlegen an den Christus, und gleich zückt er sein Schwert heraus. Und wiederum: Welche Zartheit der Gefühle lebt in ihm und wie echt ist seine Trauer nach der Verleugnung. Es ist bemerkenswert, dass sein Zu-sich-Kommen erst dann geschieht, als Christus sich umwendet und Petrus anschaut. Die Blicke treffen sich, nachdem der Hahn gekräht hat. Wieder ist es eine sinnliche Wahrnehmung, die in Petrus eine heftige Reaktion bewirkt, aber jetzt rührt es an eine tiefere Schicht seines Wesens, jener Felsenschicht, worauf sich die petrinische Kirche in den folgenden Jahrhunderten stützen wird. Gewiss nicht auf sein Naturell noch auf sein Bewusstsein, da beides noch nicht gefestigt genug ist. Was ist denn diese «Felsenschicht», die ihm sogar den Namen Petrus – der Fels – von Anfang an eingebracht hatte?

Um einer Antwort näher zu kommen, müssen wir jetzt die Episode betrachten, in deren Verlauf die besondere Stellung des Fischers Simon gegenüber den anderen Jüngern begründet wird.

Wir befinden uns bei einer Wanderung des Jesus mit seinen Jüngern im Gebiet der Stadt Cäsarea Philippi. Damals gab es in Palästina zwei Orte, die Cäsarea hießen, eine am Mittelmeer gelegene Stadt und diese Stadt hier, die Hauptstadt des Tetrarchen Herodes Philippus.[31] Von Galiläa aus gesehen befand sich dieser Ort weit im Norden des Landes. Herodes Philippus, der Sohn Herodes des Großen, den wir aus der Geburtsgeschichte Jesu nach Matthäus kennen, hatte mit dieser Namensgebung dem mächtigen Tiberius, dem römischen Imperator, huldigen wollen;

gewiss auch in der Absicht, seiner eigenen Gesinnung von Weltbewusstsein und Machtstreben einen deutlichen Ausdruck zu verleihen. Außerdem, auf einem Felsen gelegen, weithin sichtbar, war der größte und meist besuchte Tempel im ganzen Land ein besonderes Zeichen der Macht; er trug am Eingang die goldene Inschrift: *Dem römischen Cäsar – dem Sohne Gottes.* Der Sinn dieser Wanderung dürfte jetzt nachvollziehbar sein: Wen werden die Jünger als den wahren Führer und Lenker der Menschheit ansehen? Die Bedeutung dieser Frage, die Jesus den Jüngern stellen wollte, kommt durch diese Szene in ihrer Schicksalhaftigkeit besonders klar zum Ausdruck:

«Und Jesus kam in das Gebiet von Cäsarea Philippi. Dort fragte er seine Jünger: Für wen halten die Menschen den Menschensohn? Sie antworteten: die einen für Johannes den Täufer, die anderen für Elias, wieder andere für Jeremias oder sonst einen der Propheten. Er sprach: Und für wen haltet ihr mich? Da antwortete Simon Petrus: Du bist der Christus, der Sohn des lebendigen Gottes. Und Jesus sprach: Selig bist du, Simon, Sohn des Jona; aus der Welt der Sinne hast du diese Offenbarung nicht, sondern aus der Welt meines Vaters in den Himmeln. Und ich sage dir: Du bist Petrus, der Fels. Auf diesem Felsen will ich meine Gemeinde erbauen, und die Pforten des Abgrundes sollen sie nicht verschlingen. Dir will ich die Schlüssel zum Reich der Himmel geben. Was du auf der Erde bindest, soll auch in den Himmeln als gebunden gelten, und was du auf der Erde lösest, soll auch in den Himmeln als gelöst gelten. Und er schärfte den Jüngern ein, keinem Menschen zu sagen, dass er der Christus sei.

Von da an begann Jesus Christus, seinen Jüngern davon zu sprechen, dass er nach Jerusalem gehen müsse, dass ihm viele Leiden bevorstünden von den Ältesten und Hohenpriestern und Schriftgelehrten, dass man ihn töten und dass er am dritten Tage auferstehen würde.

Da nahm ihn Petrus beiseite und fing an, auf ihn einzureden. Ich meine es gut mit dir, Herr. Sorge, dass dir das nicht geschieht. Da wandte er sich zu Petrus um und sprach: Weiche von mir, Macht Satans, entfremden willst du mich mir selbst. Jetzt denkst du nicht aus dem Göttlichen; jetzt denkst du ganz und gar nur als Mensch.»[32]

Fragen wir uns zuerst: Wie kam Petrus zu dieser Erkenntnis, die sich beim näheren Betrachten als Frucht einer bereits tief angelegten Spiritualisierung der Empfindungsseele erweist? Wir erinnern uns: Von der alten Kultur der Empfindungsseele wurde im Sinne einer sinnlich-ästhetischen gesprochen, denn die Empfindungsseele hat die Fähigkeit, das Sinnliche als die rätselhafte Offenbarung des geistigen Weltengrundes zu erleben. Freilich kann sie sich materialistisch in «Fleisch und Blut» verstricken, wie Luther die vorhin zitierte Stelle übersetzt, die von Emil Bock eher philosophisch übertragen wird: «Aus der Welt der Sinne hast du diese Offenbarung nicht, sondern aus der Welt meines Vaters in den Himmeln.» Beides läuft auf dasselbe hinaus: Nicht die «Materie» hat diese Erkenntnis aus den Seelentiefen des Petrus an die Oberfläche seines Bewusstsein gebracht, sondern jene göttlichen Vaterwelten, aus deren Sein einmal alle Schöpfung, alle Substanz, erzeugt wurde. Sie ruhen im tiefsten Grund allen Mensch-Seins. Durch eine Erkenntnis-Art, die in solche Tiefen einzutauchen vermag, können wir dadurch eine Ur-Erinnerung in uns rege machen: Wir sind aus Gottes-Sein geboren. Diese Erkenntnis flammt in Petrus auf im Anblick des Christus und er erkennt in ihm Geist Seines Geistes: «Du bist der Christus, der Sohn des lebendigen Gottes.» Wie mochten damals die Augen Christi – des Lichtes der Welt – auf die empfängliche Seele des Fischers aus Galiläa gewirkt haben? Plötzlich hatte er in ihnen das gefunden, was er in den Sonnenauf- und -untergängen Galiläas immer schon geahnt hatte und wonach er sich im Anblick des Lichtspiels in den farbigen Wolken, im Glitzern der Sonnenspur auf dem blauenden Wasser immer gesehnt hatte. Hier erweist sich die in den meisten Menschen der damaligen Zeit noch mächtig wirkende Empfindungsseele auf dem Gipfel ihrer Möglichkeiten: Gott in einem menschlichen Leibe durch eine tiefe Intuition zu erkennen. Die Sinneswelt wird durchsichtig: Das Erbe des Vatergöttlichen in mir wird wachgerufen und Leibesseele und Gottesgeist können sich in einer Art Kommunion vereinigen. Aber damals, bei Cäsarea Philippi, vermochte Petrus nur für einen Augenblick sein Bewusstsein auf dieser Erkenntnisstufe zu halten! Daher kann weder sein Bekenntnis, wie das in der Theologie in der Regel bezeichnet wird, die Basis seines Primats bedeuten noch ist der Mensch Petrus «der Fels». Der wahre «Fels» in Petrus und in jeder Menschenseele ist der göttliche Seinsgrund der Welten. Der wahre «Glaube», der in jedem Menschen veranlagt ist, hat in dieser Tatsache und in der Ahnung der Seele einen unersetzlichen Quellpunkt. An diese Kraft anzuknüpfen, um die «frohe Botschaft» allen Menschen zugänglich zu machen, darin bestand der Auftrag Petri und seiner wahren Nachfolger in der historischen Entwicklung des Christentums. Freilich: Noch bedurfte es des «Paulus-Elementes» und der «Johannes-Qualität» in der menschlichen Natur, um den trinitarischen Kreis der Christus-Erkenntnis zu schließen. Die Evangelien können den Paulus nicht erwähnen, da er viel später die Bühne der Weltgeschichte betreten wird, dafür finden wir eine Stelle, in der geheimnisvoll-deutlich auf Johannes hingewiesen wird.

Nachdem Johannes über Gefangennahme, Tod und Auferstehung Christi berichtet hat, fügt er am Ende seines Evangeliums ein letztes Gespräch ein. Petrus wird dreimal gefragt, ob er Christus liebt. Dreimal hatte er ihn aus einer momentanen Finsternis der Seele verleugnet und dreimal beteuert er jetzt seine Liebe. Daraufhin wird die Aufgabe Petri besiegelt. Die Liebe zu Christus – die gleich ist der wahren Liebe zu aller Kreatur – ist maßgebend für die Erfüllung gottgewollter Ziele.

«Als sie das Mahl gehalten hatten, sagt Jesus zu Simon Petrus: Simon, Sohn des Jona, liebst du mich mehr als die andern? Er antwortet: Ja, Herr, du weißt, dass ich dich liebhabe. Und er spricht zu ihm: Weide meine Lämmer: Und er fragt ihn zum zweiten Mal: Simon, Sohn des Jona, liebst du mich? Und er antwortet: Ja, Herr, du weißt, dass ich dich liebhabe. Und er spricht zu ihm: Sei der Hirte meiner Schafe! Und zum dritten Male fragt er ihn: Simon, Sohn des Jona, hast du mich lieb? Da wurde Petrus betrübt, dass er ihn zum dritten Male fragte: Hast du mich lieb? Und er antwortete: Herr, dein wissendes Auge sieht alles, du weißt, dass ich dich liebhabe. Und Jesus spricht zu ihm: Weide meine Schafe! Ja, ich sage dir: Solange du jung warst, gürtetest du dich selbst und strebtest nach selbstgewählten Zielen. Wenn du aber des Alters Reife erlangst, so wirst du deine Hände ausstrecken, und ein anderer wird dich gürten und dein Führer sein zu Zielen, die du dir nicht selber gibst. Mit diesem Wort gab er ihm ein Bild von der Art des Sterbens, durch die das Göttliche in ihm zur Offenbarung kommen sollte. Und er fährt fort und sagt zu ihm: Folge mir nach!

Da wendet sich Petrus um und sieht, wie der Jünger, den Jesus liebhatte, ihm nachfolgte. Das war der, der beim Mahle an seiner Brust gelegen und gesprochen hatte: Herr, wer ist es, der dich verrät? Als Petrus ihn sieht, sagt er zu Jesus: Herr, welches ist *sein* Auftrag? Jesus antwortet ihm: Wenn ich ihn dazu bestimme, zu bleiben bis zu meiner Wiederkunft, so stört das deine Wege nicht. Folge du mir nach! Von nun an verbreitete sich unter den Jüngern das Wort: Dieser Jünger wird nicht sterben. Aber Jesus sprach nicht zu Petrus: Er wird nicht sterben, sondern: Wenn ich ihn dazu bestimme, zu bleiben bis zu meiner Wiederkunft, so stört das deine Wege nicht.»[33]

Man bedenke hier, um dem real-imaginativen Sinn der ganzen Situation gerecht zu werden, dass dieses Gespräch mit dem auferstandenen Christus geführt wird. Die Aufforderung: «Folge mir nach» ist keine solche, die sich auf den physischen Plan bezieht, sondern der Wille zur Nachfolge im seelisch-geistigen Sinn ist hier gemeint. Und so ist auch die ganze Szene des Mahls imaginativ-real aufzufassen. Christus war zwar da, weil der besondere Menschenkreis um ihn ganz besondere Augen – Geistesaugen würde Paulus sagen – ausgebildet hatte: Die Schrecknisse der letzten Tage, die Ängste, das Versagen der Jünger, ihre unsagbare Reue und die Liebe Christi hatte ihre Blindheit geheilt. Sie waren für *seine* Welt sehend geworden. Ein anderer Mensch hätte in ihrem Kreis *niemanden* gesehen. Selbst in Thomas, um den Auferstandenen in seiner gänzlich neuen Gestalt wahrzunehmen, hatte der Christus das besondere Herzensauge erwecken müssen. Wäre die Erscheinung physisch gewesen, so wäre Christus dem zweifelnden Jünger nicht in dieser Art begegnet:

«Und nach acht Tagen waren seine Jünger wieder im innern Raum versammelt und Thomas war dabei. Da kam Jesus bei verschlossenen Türen, trat in ihre Mitte und sprach: Friede sei mit euch! Und dann sprach er zu Thomas: Reiche deinen Finger her und siehe meine Hände, und reiche deine Hand her und lege sie in meine Seite, und bleib nicht starr in deinem Herzen; fühle vielmehr in deinem Herzen meine Kraft! Da sprach Thomas zu ihm: Du bist der Herr meiner Seele, du bist der Gott, dem ich diene. Und Jesus sprach zu ihm: Weil du mich geschaut hast, hast du meine Kraft in dir gefunden? Selig sind, die meine Kraft im Herzen finden, auch wenn ihr Auge mich nicht sieht.»[34]

Das erzeugt natürlich die Frage, in welcher Gestalt nun Christus in Wirklichkeit erschienen ist: Eine bloße Totenauferweckung war es nicht. Das zeigt die Art und Weise, wie er immer wieder plötzlich erscheint und auch verschwindet. Ein bloßer Geist war der Christus auch nicht, denn das wäre nichts Ungewöhnliches in einer Zeit, in der Engel erlebt werden konnten, wie es beim frommen Joseph aus Bethlehem der Fall war oder bei den drei Priesterkönigen aus dem Morgenlande. Es gibt verschiedene Ansätze, um diesem Rätsel beizukommen, dessen Lösung, wenn auch nur stufenweise, zum innersten Kern des Christentums führt: überkonfessionell, unkonfessionell und universell. Ein Paulus wird später schreiben: «Wenn Christus nicht auferstanden ist, so ist unsere Verkündigung ohne Inhalt und euer Glaube ohne Kraft.»[35] Es versteht sich, dass Paulus hier nicht einen allgemeinen Glauben an Gott meint, denn ein solcher war damals noch allgemein lebendig. Er meint auch nicht ein Für-wahr-Halten von etwas, das man nicht verstehen kann. Ein gänzlich neues Anschauungsvermögen der Seele ist hier gemeint, das im Sinne dieser Arbeit ein dreifaches ist. Die spiritualisierte Empfindungsseele, wie sie Petrus entwickelt, dringt in eine bestimmte Schicht der Auferstehungssphäre ein. Paulus wird eine andere Ebene wahrnehmen, die von Johannes, dem «Adler», durch eine dritte ergänzt wird. Alle drei wurzeln im Mysterium von Golgatha, wie Rudolf Steiner die Ereignisse der Zeitenwende immer wieder genannt hat, und alle drei sind selbstverständlich gleichwertig.

Wie war es also bei Petrus?

Es ist sehr bedeutend, dass gerade Petrus der Erste war, der in die Sphäre des Auferstandenen aufgenommen wurde. Und es ist gerade Paulus, der das in einem größeren Zusammenhang berichtet, nachdem er sich darüber kundig gemacht hat. Die Aufzählung, die er in der nachfolgenden Passage macht, ist ein offenbares Geheimnis. Er schreibt, dass Christus auferstand, «wie es auch bereits die alten Schriften sagen. ... Dann ist er dem Petrus erschienen, danach den Zwölfen; dann schauten ihn gleichzeitig mehr als fünfhundert Brüder, von denen die meisten heute noch am

Leben, einige jedoch bereits gestorben sind. Danach erschien er dem Jakobus und dann allen Aposteln. Als Letztem von allen ist er auch mir, der ich eine Frühgeburt bin, erschienen.»[36]

Dem Petrus, dem Träger der Vaterkräfte in seiner «Felsennatur», erscheint der Christus zuerst. Es ist wie eine Anknüpfung an die uralten Kräfte, die im Galiläer noch lebendig waren. Paulus, wie wir im nächsten Kapitel sehen werden, ist der Erstling eines weiterentwickelten geistigen Schauens, freilich ohne die Bedeutung des Ersteren aufzuheben. Diese Aufzählung kann somit wie die Beschreibung einer stufenweise sich weiter entfaltenden Offenbarung angesehen werden. Die *Legenda aurea*, eine mittelalterliche außerbiblische Überlieferung aus der Hand des Jakobus de Voragine, sagt, dass Petrus, «da er Christus verleugnet hatte, in die Grotte floh, welche jetzt Gallicantus heißt, das ist gesprochen Hahnenschrei; da selbst habe er drei Tage lang geweint aus Trauer, dass er den Herrn verleugnet hatte; daselbst erschien ihm auch der Herr und tröstete ihn».[37] Ich bin der Ansicht, dass diese Überlieferung im Kern wahr ist. Emil Bock gibt diese Episode in einer erweiterten Fassung wieder und lässt Elemente durchblicken, die sich nahtlos in das Bild einfügen, das bisher von Petrus skizziert wurde.

«Ein dichter Schleier des Geheimnisses umhüllt dieses erste Aufleuchten des Osterlichtes, dessen Zeuge Petrus war. Nirgendwo im Evangelium wird uns berichtet, wo und wann und wie es geschah.

Nun gibt es aber eine außerbiblische Überlieferung, in der mittelalterlichen Legenda aurea aufgezeichnet, die im ganzen Ereigniszusammenhang etwas sehr Einleuchtendes hat und auch innerhalb der Topografie Jerusalems eine wichtige Rolle spielt.

Wir werden da wieder herangeführt an die Vorgänge der Gründonnerstag-Nacht. Als Petrus nach der Verleugnung den strengen, trauervollen Blick des Christus auf sich ruhen fühlte, traf es ihn bis in sein innerstes Wesen. Aus den Urtiefen seiner Seele stiegen die Reuetränen empor als allererste Zeichen eines beginnenden Erwachens. Noch tief schlafwandelnd verließ er den Hof des Sadduzäerhauses und ging auf den Rand des Zionsberges zu. Dort verbarg er sich, wie von seinem Engel geleitet, in einer Grotte, die tief in das Innere des Berges hineinführte. Weil Petrus dort den mehrfachen Hahnenschrei vernahm, der mit dem abgrundtiefen Gefühl der Reue und Scham den leisen Funken des Erwachens in ihm erneuerte, wurde die Grotte zur Zeit des Urchristentums heilig gehalten und von einem Kirchlein überbaut unter dem Namen ‹Petrus in gallicantu›, ‹Petrus beim Hahnenschrei›.

Es ist das dieselbe Stelle, wo heute die römischen Katholiken, in der Meinung, es habe dort der Kaiphas-Palast gestanden, ihre pompöse Peterskirche errichtet haben. In Wirklichkeit handelt es sich wohl um die Eingangsgrotte zu den uralten unterirdischen Räumen, in denen die Melchisedek-Mysterien ihren Sitz hatten und wo später David und die folgenden Könige von Juda begraben worden sind.

Drei Tage lang – ebenso lange wie der Christus im Grabe lag – soll Petrus in tiefer Zerknirschung in dieser Grotte zugebracht haben, bis ihm beim österlichen Sonnenaufgang, als die Erde erbebte und erdröhnte, der Auferstandene erschien, seine Tränen trocknend und Trost in sein Herz gießend. Dann, in der Morgenfrühe, soll Petrus sich aufgemacht und zu den andern Jüngern begeben haben, die über der Grotte seiner Reue im Coenaculum versammelt waren.

Wenn diese Überlieferung recht hat, so haben die Ostergeschehnisse nicht nur von Grund auf eine Wiedererschließung der urältesten Zionsgeheimnisse herbeigeführt. Petrus hat dann in seiner noch schlafbefangenen Seele eine solche Osterbegegnung erfahren, in der das kosmische Geheimnis der ‹Höllenfahrt Christi› noch mitschwingend enthalten ist: in den Tiefen der Erde, im Raum der Gräber ist der vor ihn hingetreten, der sich durch seinen Sieg über den Tod mit dem ganzen Erdensein verbunden hat.»[38]

In Felsentiefen, im Raum der Gräber, durchlebt Petrus, «der Fels», im Erbeben und Erdröhnen der Erde eine Art Tod und Auferstehung seiner Seele, insbesondere der sonst leiblich gebundenen Empfindungsseele, welche jetzt gewissermaßen von Christus verwandelt und auf eine höhere Stufe emporgehoben wird.

Das ist etwas ganz anderes als die Erlebnisse des Paulus und des Johannes. In den Tiefen der Erde, mitten im felsigen Gestein, dort wo das tote Mineral in seiner Starrheit Bild für alles Tote ist, durchlebt der so oft am Sinnlichen hängende Petrus eine Art Sinnestod: in tiefster Einsamkeit und Verzweiflung. Und Christus kommt in verklärter Leiblichkeit, wie einst auf dem Berge Tabor; nur intensiver, wie ganz Innenwelt geworden, und speist ihn, wie er später, nach der Gralserzählung von Robert de Boron auch Joseph von Arimathia im finsteren Turmkerker speisen wird. Die Parallelen sind in der Tat erstaunlich: Joseph, ein hoher Ratsherr, hatte Pilatus um den Leichnam Jesu gebeten. Er wollte ihn in seiner Grabstätte bestatten, die er in den Felsen hatte hauen lassen. Als zu Ostern, nach dem Erdbeben, sich das Grab geöffnet hatte und den Hohenpriestern gemeldet wurde, dass es leer war, hieß es, dass die Soldaten überall erzählen sollten, dass die Jünger den Leib gestohlen hätten. Hier setzt Robert de Boron an und erzählt, dass Joseph für diese Tat beschuldigt wurde:

«Sie führten Joseph zu einem reichen Manne, sie schlugen ihn grausam und peitschten ihn. Dort stand ein runder Turm, der hoch aufragte und sich tief in die Erde fortsetzte. Wiederum greifen sie Joseph und schlagen ihn und werfen ihn flach auf die Erde; sie senkten ihn tief unter dem Hause in das Verlies hinab, das überaus grauenhaft und dunkel und ganz aus hartem Stein gebaut war. Stark haben sie den Turm verschlossen und verriegelt und ein großes Siegel darüber gelegt.

Heftig erzürnt war Pilatus, als er erfuhr, dass Joseph verschwunden war, und es betrübte ihn in seinem Herzen; denn er hatte keinen so guten Freund mehr; war Joseph doch für diese Welt verloren und in einer schmachvollen Herberge untergebracht! Bei Gott jedoch, an dem man in der Not seinen Freund findet, war er nicht in Vergessenheit geraten; denn Gott vergalt ihm reichlich, was er für Ihn erduldet. Er kam zu ihm in das Verlies und trug sein Gefäß in der Hand, das eine so große Helligkeit über ihn ergoss, dass der Kerker im Lichte strahlte. Und als Joseph die Helligkeit erblickte, da freute er sich in seinem Herzen. Gott brachte ihm sein Gefäß, worin er Sein Blut aufgefangen hatte. Joseph war im Innersten von der Gnade des Heiligen Geistes ganz erfüllt, als sein Blick auf das Gefäß fiel, und er sprach: ‹Herr und allmächtiger Gott, woher kommt diese so große Klarheit? Ich glaube so innig an Euch und Euren Namen und wähne, sie könne nur von Euch kommen.› – ‹Joseph, nun entsetze Dich nicht; die Kraft Gottes hast Du zur Hilfe.›»[39]

Lebt also die Empfindungsseele als eigentliche Leibesseele in allen Sinnen des Leibes, so nimmt die durch Christus teilweise bereits verklärte, verwandelte Sinnesorganisation des Petrus die lichte, sinnlich anmutende Leibesform des Auferstandenen wahr, dessen Vollmacht über alles Irdische auch darin zum Ausdruck kommt, dass er bereits vor Golgatha, selbst in einer mächtigen Umwandlung begriffen, sagen konnte, nachdem er beim Abendmahl das Brot genommen und gesegnet hatte: «Nehmet hin, das ist mein Leib, der für euch dahingegeben wird. Und immer, wenn ihr dies vollzieht, so macht mein Wesen in eurem Inneren lebendig. Und so nahm er nach dem Mahle auch den Kelch und sprach: Dieser Kelch ist der neue Gottesbund, gestiftet durch mein Blut, das für euch vergossen wird.»[40]

Alle Liturgien – aller Sakramentalismus, wenn er

eine Vermittlung der Substanz Christi sein soll – wirkt auf die stufenweise Verklärung unserer Sinnesnatur und knüpft dadurch an die «Vatertiefen» der Menschenseele an, an das paradiesische Erbe der Menschheit, das durch den Auferstandenen dem petrinischen Strom anvertraut wird. «Weide meine Lämmer», «Sei der Hirte meiner Schafe! ... Weide meine Schafe»,[41] das heißt: Speise sie mit der unvergänglichen Speise meines Leibes und meines Blutes durch das Sakrament. Das ist der Auftrag des Petrus und zugleich der Weg des «Petrus» in der Menschenseele zu den Mysterien Christi.

Damit wurde die beginnende Auferstehung der gesamten Menschennatur – als Ziel aller Erdenevolution, christologisch gesehen – eingeleitet. Der paulinische und der johanneische Strom sind dazu bestimmt, im Sinne einer gleichwertigen Ergänzung, diese Entwicklung zu vollenden.

Es ist mir bewusst, dass sich hier viele weitere Fragen ergeben: Was ist Leiblichkeit, was ist «Materie» überhaupt und wie steht sie letzten Endes mit dem ganzen seelisch-geistigen Gefüge in Verbindung, um nur drei zu nennen? Und unsere Antworten werden naturgemäß jeweils anders ausfallen, je nach der von jedem von uns vertretenen Weltanschauung: ob wir Materialisten oder Spiritualisten sind oder ganz anders orientiert.[42] Die Position, die dieser Arbeit zugrunde liegt, wurde von Rudolf Steiner, dem Natur- und Geisteswissenschaftler, einmal so formuliert, dass «in Wahrheit *alle* Wirklichkeit, die niedere und die höhere geistige, nur zwei Seiten einer und derselben Grundwesenheit sind».[43]

Dabei möchte ich es bewenden lassen, zumal die Erörterung dieser und ähnlicher Fragen den Rahmen dieser Studie, die vor allem als Anregung zum Weiterdenken und -forschen gedacht ist, einfach sprengen würde.[44] Die folgenden Kapitel werden das bisher entwickelte Leitmotiv dahingehend vervollständigen, dass dadurch ein neuer Blick für die heutige Weltlage und für die Wirksamkeit Christi angeregt werden kann.

Paulus der Denker

Im Zuge der Ausgestaltung einer christlichen Theologie im Gang der Geschichte wurden die Apostel Petrus, Paulus und Johannes gewissermaßen als Abgesandte der einheitlich-trinitarischen Gottheit charakterisiert: Petrus als Apostel des «Vaters», Paulus des «Sohnes» und Johannes als Bote des «Heiligen Geistes». Sie wurden aber auch als Vertreter und Führer von drei Phasen des Christentums bezeichnet, wie es sich in der Vergangenheit ausgestaltet hat und wie es sich in Zukunft entwickeln wird, allerdings im Sinne einer mehr oder weniger expliziten, qualitativen Bewertung. Klassisch hat es der tief-geniale Schelling, der Zeitgenosse Goethes und Schillers, in seiner *Philosophie der Offenbarung* ausgearbeitet. Hierzu eine zentrale Stelle aus der 36. Vorlesung:

«Die Linie der Succession stellt sich daher jetzt so: *Petrus, Paulus, Johannes.* Es ist ganz dem geschichtlichen Gang der Offenbarung, wie er auch anderwärts sich erkennen lässt, gemäß, diese drei *Namen* als Repräsentanten von drei Zeiten der christlichen Kirche zu denken. Ganz in demselben Verhältniß werden für die Zeit vor Christo gedacht *Moses, Elias* und der

Täufer Johannes. Moses legt den Grund. Mit Elias erhebt sich das Prophetenthum (der Gegensatz des Gesetzes), das gegen die Zukunft hintreibende, vermittelnde Princip. Johannes d. T. ist Nachfolger des Elias. Die alte Prophezeiung: ‹Siehe, ich will euch senden den Propheten Elias, ehe der große Tag des Herrn kommt›, wird von Christo selbst als erfüllt betrachtet durch die Sendung Johannis d. T. Er ist, sagt Christus (Matth. 11, 14), der Elias, der kommen soll. Moses ist das Princip des Bleibenden, Stabilen, Realen und Substantiellen im Alten Testament, Elias ist der feurige Geist, der entwickelt, belebt, bewegt und gegen eine noch nicht erkannte Zukunft hindrängt. Johannes der Täufer – von dem Christus sagt: Unter allen, die von Weibern geboren sind, ist nicht aufgekommen, der größer sey, denn Johannes der Täufer; der aber der kleinste ist im Himmelreich, ist größer denn er – *beschließt* das A. T. und die Zeiten *vor* Christus. Unter den drei Aposteln steht Petrus dem Moses parallel, er ist der Gesetzgeber, das Princip des *Stabilen,* das Grundlegende, Paulus, von dem man sagen kann, was das Buch Sirach von dem Elias sagt: Er brach hervor wie ein Feuer und sein Wort brannte wie eine Fackel – Paulus ist der Elias des N. T., das Princip der Bewegung, Entwicklung, der Freiheit in der Kirche. Der Apostel Johannes endlich ist Johannes dem Täufer parallel; wie dieser ist er Apostel der Zukunft, der auf die Zukunft deutende.»[45]

Es ist auch interessant zu sehen, wie diese drei Apostel zuweilen als Schutzheilige von drei großen, qualitativ gleichwertigen christlichen Kirchen angesehen werden, wie beispielsweise von Wladimir Solowiow in seiner apokalyptischen Erzählung vom Antichrist. Da wird geschildert, wie ein genialer Weltherrscher der Zukunft auf einem ökumenischen Konzil in Jerusalem von der großen Mehrheit der Geistlichkeit der Kirchenströmungen, von Katholizismus, Protestantismus und von den orthodoxen Kirchen, sich als einziger Beschützer und Wohltäter huldigen lässt. Die Wende zum Guten wird von den drei Führern dieser Strömungen und ihren wenigen Getreuen eingeleitet, indem sie die Vorschläge des Weltherrschers verwerfen und ihn öffentlich als Antichrist bezeichnen. Diese Führer sind: Papst Petrus II. für die römische Kirche, Professor Pauli für die Protestanten und der Starez Johannes für die orthodoxen Kirchen.

In den von Schelling und Solowiow geschilderten Ansichten ist gewiss viel Wahres enthalten und die Geschichte des institutionalisierten Christentums liefert dafür genug Beweismaterial. Genauso kann man viel Wahres auch in der Dreizeitenlehre des kalabrischen Abtes Joachim von Floris finden, der bereits im Hochmittelalter eine tiefsinnige Anschauung von drei Phasen des Christentums entwickelte. Er nannte die erste Stufe die des «Vaters», die zweite die des «Sohnes» und die dritte, die im Jahre 1260 anheben sollte, das Reich des «Heiligen Geistes». Thomas von Aquino lehnte Joachims Grundgedanken von einem kommenden dritten Zeitalter zwar entschieden ab. Dennoch wirkte dieses Geistesgut in verschiedenen Varianten und durch verschiedene Kanäle auf die ganze Kulturentwicklung.[46]

Ich sprach vorhin von einer mehr oder weniger expliziten Bewertung, die in der Regel bei einer solchen Einteilung gemacht wird, wonach die jeweils spätere Stufe die geistig fortgeschrittenere sei. Gewiss: «Wie jede Blüte welkt und jede Jugend / Dem Alter weicht, blüht jede Lebensstufe, / Blüht jede Weisheit auch und jede Tugend / Zu ihrer Zeit und darf nicht ewig dauern», wie Hermann Hesse einmal dichtete. Und so befallen im Laufe der Jahrzehnte und Jahrhunderte allerlei Dekadenzkeime Zivilisationen und geistige Strömungen. Bis auf die heutige Zeit. Die Frage einer Erneuerung oder gar Wiedergeburt wird dann zur Existenzfrage schlechthin.

Nun müssen wir zwei Dinge klar unterscheiden: den Grad von Reife oder Dekadenz einer bestimmten

Strömung und die prinzipielle Gleichwertigkeit des jeweiligen Ansatzes. Die Anerkennung der Letzteren ist eine der Grundlagen dieser Schrift. Demnach sind «Petrus», «Paulus» und «Johannes» nicht qualitative Sprossen einer Leiter, genauso wenig wie echte, auf diesen Qualitäten fußenden Bewegungen, sondern drei Strahlen der Christus-Sonne. Nicht «Kirchen» oder spirituelle Gesellschaften haben also ausgedient, sondern erstarrte Formen, dogmatische Anschauungen und Intoleranz. Im Sinne dieser Arbeit gilt es, die eigene Seele mehr und mehr zu vergeistigen, um immer kräftiger am positiven Fortgang unserer Zivilisation mitzuwirken. Und in dem Maße, als die Christus-Potenz in jedem Menschen geweckt und belebt wird, in dem Maße können sich immer neue Erkenntnistiefen erschließen und neue Gemeinschaftsformen entstehen. Bereits darum ging es beim unermüdlichen Wirken des Paulus und beim Paulinismus mit seinem universellen Freiheitsethos im Laufe der Geschichte. In Paulus steht eine Persönlichkeit vor uns, die als hellenistisch gebildeter Pharisäer zunächst den stärksten Kontrast zu den Fischern aus Galiläa bildet. Aus Tarsus in Kilikien stammend, einer damaligen «Weltstadt», wird er der eigentliche Welt-Apostel, dazu bestimmt, dem jungen Christentum eine spirituelle Qualität auf der Höhe der Gedankenbildung seiner Zeit zu geben. Ob er in Ephesus, Athen oder Rom auftritt, immer spricht durch ihn der Weltgeist Christi. Seine gründliche Bildung, sowohl die griechische als auch die mehr verinnerlichte jüdische, machte aus ihm einen hervorragenden Vertreter der Christus-Impulse, wie sie sich vornehmlich in der Verstandes- und Gemütsseele auswirken. Kein galiläischer Traum lebt in seiner wachen Seele, sondern das bunte Menschengewimmel seiner Heimatstadt Tarsus mit seinem Hafen und seinen Handelsschiffen. Die Heftigkeit seines Temperamentes ist weniger eine momentan aufbrausende, wie bei Petrus, als eine konstante Kraft, die in den Tiefen seines Gemütes ihren Sitz hat. Als Verfolger der jungen Christengemeinde offenbarte er als Saulus zuweilen eine geradezu kalte Leidenschaft, wie beispielsweise, als er «Gefallen an allem, was geschah [hatte], als sie ihn (Stephanus) töteten».[47] Und als «Heidenapostel», ganz Christus-durchdrungen, wird er eine unerschütterliche Beharrungskraft und verinnerlichte Leidenschaftlichkeit zeigen, die man nur bestaunen kann. Die Quelle seiner Christus-Zugehörigkeit und -Erkenntnis finden wir in seiner Begegnung mit dem Auferstandenen auf dem Wege nach Damaskus. Folgen wir zunächst der Schilderung, die wir in der Apostelgeschichte vorfinden, um dann zu Paulus' eigener Darstellung zu kommen. Beides wird uns dann einen Schlüssel zu der besonderen Qualität seiner Christus-Erfahrung geben:

«Saulus war noch voller leidenschaftlichem Hass und Vernichtungswillen gegen die Jünger des Christus. Er wandte sich an den Hohenpriester und bat ihn um Aufträge an die Synagogen zu Damaskus. Er wollte die, die er auf dem Wege treffen würde, Männer und Frauen, gebunden nach Jerusalem bringen. Als er auf dem Wege war und nahe an Damaskus herankam, umstrahlte ihn plötzlich ein Licht aus dem Himmel. Er fiel zur Erde nieder und hörte eine Stimme, die zu ihm sprach: Saul, Saul, warum verfolgst du mich? Er sprach: Wer bist du, Herr? Und er vernahm die Antwort: Ich bin Jesus, den du verfolgst. Stehe nun auf und gehe in die Stadt. Dort wird dir gesagt werden, was du tun sollst. Die Männer, die ihn begleiteten, standen sprachlos da. Sie hörten zwar eine Stimme, aber eine Gestalt sahen sie nicht. Saulus erhob sich von der Erde. Aber als er seine Augen aufschlug, sah er nichts. An der Hand musste man ihn nach Damaskus führen. Drei Tage lang war er blind und nahm weder Speise noch Trank zu sich.

In Damaskus lebte ein Jünger namens Ananias. Ihn rief der Herr, der ihm geistig erschien: Ananias. Er antwortete: Siehe, hier bin ich, Herr. Und der Herr sprach zu ihm: Mache dich auf und gehe in die Stadt, welche ‹die gerade› genannt wird, und frage in dem Hause des Judas nach Saulus von Tarsus. Siehe, er ist ins Gebet vertieft und hat eben schauend wahrgenommen, dass ein Mann namens Ananias zu ihm kommen und ihm die Hand auflegen und das Augenlicht wiedergeben wird. Da sprach Ananias: Herr, ich habe von vielen über diesen Mann sprechen hören, wie viel Leid er deinen Heiligen in Jerusalem angetan hat. Und jetzt ist er hierher gekommen mit einer Vollmacht von den Hohenpriestern, alle gefangen zu setzen, die deinen Namen anrufen. Doch der Herr antwortete ihn: Gehe hin, denn er ist das Werkzeug meiner Auserwählung. Vor die Völker und die Könige und vor die Söhne Israels soll er meinen Namen tragen. Ich will ihm aber auch zeigen, welche Leiden er wird auf sich nehmen müssen im Dienste meines Namens. Da machte sich Ananias auf den Weg, ging in das Haus und legte ihm die Hand auf und sprach: Saul, mein Bruder, der Herr sendet mich: Jesus, den du auf deinem Wege geschaut hast. Du sollst wieder sehend sein, und der heilige Geist soll dich erfüllen. In diesem Augenblick fiel es wie Schuppen von seinen Augen, er konnte wieder sehen, erhob sich, ließ sich taufen, nahm Speise und kam wieder zu Kräften.»[48]

Paulus selber ergänzt diesen Bericht mit folgenden

Hinweisen: «Ihr habt ja davon gehört, wie ich einst die Wege des Judentums gegangen bin und wie ich die Gottesgemeinde in maßloser Weise verfolgt und geschädigt habe. Ich überflügelte auf dem jüdischen Wege viele Gleichaltrige, die mit mir gleichen Blutes waren; in grenzenlosem Fanatismus setzte ich mich für die väterlichen Überlieferungen ein. Dann aber war es der Gütewille dessen, der mir schon vom Mutterleibe an besondere Ziele gesetzt und mich durch seine Gnade berufen hatte: seinen Sohn in mir zu offenbaren. Ich sollte sein Verkünder sein unter den Völkern der Welt. Sogleich wandte ich mich nicht an Fleisch und Blut, ging auch nicht nach Jerusalem zu denen, die vor mir bereits Apostel waren, sondern zog mich zunächst zurück nach Arabien, von wo ich nach Damaskus zurückkehrte. Erst dann, drei Jahre später, ging ich nach Jerusalem, um Petrus kennenzulernen.»[49]

Und an einer weiteren Stelle des gleichen Briefes schreibt er: «So bin ich nicht es, der da lebt, sondern Christus lebt in mir.»[50] Damit besiegelt er die besondere Qualität seines neuen Lebens, aber auch seiner besonderen Verkündigung. Seine ganze Weisheit, die wir in den Paulus-Briefen vorfinden, sei es in den sogenannten echten Briefen wie in den im Sinne des Paulus verfassten nachpaulinischen Schriften, ist eigentlich nur als ein Lauschen dessen zu verstehen, was er in den Christus-Tiefen seiner Seele mehr und mehr vernimmt. Es handelt sich um eine weltenumfassende Inspiration.

Schauen wir das näher an und verbinden wir es mit dem bereits Ausgeführten.

Die Einweihung des Petrus in das Mysterium der leiblich-seelischen Auferstehung Christi ist im vorigen Kapitel im Zusammenhang mit den Tiefen der Erde als Ausdruck der Kräftewelt des «Vaters» geschildert worden, und zwar im Sinne einer fortschreitenden Vergeistigung der zunächst körperlich gebundenen Empfindungsseele. Und es war vornehmlich eine durch die Empfindungsseele vermittelte Intuition, die ihm in Cäsaren Philippi die Erkenntnis des Christus als Sohn des lebendigen Gottes erschlossen hatte. Bei Paulus liegt keine physische Erscheinung vor. Sein fanatisches Aufbegehren als Saulus war, wie man heute sagen würde, ideologisch begründet. Und ist die Ideologie religiös-göttlich untermauert, so ist eine falsche Lehre schlichtweg eine Sünde, die man mit Stumpf und Stiel ausrotten muss! So spricht die einseitig entwickelte Verstandesseele, die, ohne die umfassende Liebe Christi, immer Inquisitionsgerichte einrichten wird. Saulus erfuhr in der Damaskus-Stunde die unfassbare Liebe Gottes: Gericht und

Weckruf zugleich. Drei Jahre lang wird er brauchen, bevor aus dem «sterbenden» Saulus der Verkünder Christi unter den Völkern der Welt geboren wird. Jahre später wird er sogar Einblick in eine seiner besonderen Erleuchtungen gewähren:

«Wenn nun schon von den Dingen die Rede ist, deren sich einer rühmen kann – eigentlich verspreche ich mir davon nicht viel –, so muss ich auf die Schauungen und Offenbarungen zu sprechen kommen, in denen sich mir der Herr gezeigt hat. Ich kenne einen Menschen, in Christus lebend; es war vor vierzehn Jahren – ob er im Leibe oder im leibbefreiten Zustand war, ich weiß es nicht; Gott weiß es –, da wurde er in die dritte himmlische Sphäre entrückt. Und ich weiß von demselben Menschen – ob er im Leibe oder im leibbefreiten Zustand war, ich weiß es nicht, Gott weiß es –: er wurde in das Paradies entrückt und vernahm nie gesprochene Worte, die auch nie eines Menschen Mund aussprechen darf. Dieses Menschen will ich mich rühmen. Blicke ich auf mein irdisch-persönliches Wesen, so kann ich mich nur meiner Schwachheit rühmen.

Es wäre durchaus nicht unsinnig von mir, wenn ich mich rühmen wollte. Ich sage die Wahrheit. Ich halte aber damit zurück, damit niemand eine höhere Meinung von mir hat, als er sie sich aus dem, was er von mir sieht und hört, selber bilden kann. Das gilt auch von der Fülle von Offenbarungen, die mir zuteil geworden ist.»[51]

Und so sind Paulus' Briefe eine gewaltige denkerische Leistung, denn er wird immer versuchen, der Fülle von Offenbarungen, die ihm zuteil werden, einen gedanklichen, nachvollziehbaren Ausdruck zu verleihen. Das wurde von tiefen Geistern immer so empfunden, wie beispielsweise von Albert Schweitzer, dem großen Theologen, Arzt und Musiker: «Für alle Zeiten hat Paulus das Recht des Denkens im Christentum sichergestellt ... Das Ergebnis dieses ersten Auftretens des Denkens im Christentum ist geeignet, für alle Zeiten die Zuversicht zu begründen, dass der Glaube vom Denken nichts zu befürchten hat ... Paulus ist der Schutzheilige des Denkens im Christentum. Vor ihm müssen sich alle verbergen, die dem Evangelium mit der Vernichtung freien Denkens im Glauben an Jesum zu dienen glauben.»[52] Als Beispiel sei jetzt eine eindrückliche Stelle aus dem ersten Korinther-Brief zitiert, die von der Schaffung eines neuen Menschen im Menschen handelt, eines neuen «Adam», den ich in direkte Beziehung zum inneren «David», wie er im Kapitel «Ein Marmorblock in Florenz – Vom Willens-Ich» geschildert wurde, bringen möchte. Wir erinnern uns an Pico della Mirandolas Worte über die Möglichkeit des freien Menschen als «vollkommen frei und ehrenhalber schaltender Bildhauer und Dichter», sich selbst die Form zu bestimmen, in der er zu leben wünscht. Es steht ihm frei, «in die Unterwelt des Viehes zu entarten», und es steht ihm ebenso frei, sich «in die höhere Welt des Göttlichen» zu erheben. Und zwar «durch den Entschluss» seines eigenen Geistes. Wir lasen auch die Worte Steiners, dass der Mensch, nachdem ihn die Natur «bloß ein Naturwesen» gemacht und «die Gesellschaft ein gesetzmäßig handelndes», nur aus sich «ein freies Wesen machen» kann. Er sagt dann, und das bezieht sich nicht nur auf sein Verhältnis zur Freiheit, sondern auf die volle Menschwerdung, dass den «letzten Schliff» sich nur der Mensch selbst geben kann.

Es ist also eine Frage unseres Willens, mit dem sich seit den Ereignissen der Zeitenwende die Auferstehungskraft Christi vereint hat. In Paulus haben wir also eine gründlich ausgebildete Verstandes- und Gemütsseele vor uns, aber auch Aspekte der Bewusstseinsseele, nicht zuletzt als Willensseele betrachtet. Hier die betreffende Stelle:

«Nun ist es aber eine Tatsache, dass Christus vom Tode auferstanden ist. Er ist der Urbeginn des neuen Lebens unter den entschlafenen Seelen. Da nun durch einen Menschen der Tod, so ist auch durch einen Menschen die Auferstehung in die Welt gekommen. Wie in Adam alle Menschen dem Tod verfallen sind, so werden sie in Christus alle zum Leben erweckt. [...]

Nun mag einer fragen: Wie wird sich die Auferstehung der Toten vollziehen? Was ist es für ein Leib, den sie dann tragen? Du Tor, was du auch säen magst, nichts wird zum Leben erweckt, wenn es nicht stirbt. Was du auch säen magst, nie kannst du den Leib säen, der erst werden soll. Du säest nur das nackte Samenkorn, sei es nun des Weizens oder einer andern Feldesfrucht. Doch der Weltengrund gibt dem Korn den lebendigen Leib, wie es seinem göttlichen Willen entspricht, und jedem einzelnen Samenkorn gibt er einen eigenen Lebensleib. Es ist auch kein physischer Leib dem anderen physischen Leibe gleich. Sondern anders ist der physische Leib des Menschen, anders der der Tiere, anders der physische Leib der Vögel, anders der der Fische. Und es gibt übersinnlich-himmlische Leiber, und es gibt irdische Leiber. Und eine andere Lichtgestalt haben die übersinnlich-himmlischen, eine andere die irdischen Leiber. Eine andere Lichtgestalt ist die der Sonne, eine andere Lichtgestalt ist die des Mondes, eine andere Lichtgestalt ist die der Sterne, und es unterscheidet sich ein Stern von dem anderen in seiner Lichtgestalt. Ebenso verhält es sich mit der Auferstehung der Toten.

Der Same wird gesät im Reiche der Verweslichkeit, das Leben wird erweckt im Reiche der Unverweslichkeit. Der Same wird gesät im Reiche der Wertlosigkeit, das Leben wird erweckt im Reiche der sich offenbarenden Lichtgestalten. Der Same wird gesät im Reiche der Schwachheit, das Leben wird erweckt im Reiche der Weltenkraft. Der Same, der gesät wird, ist der Seelenleib, das Leben, das erweckt wird, ist der Geistesleib. Wo immer es einen Seelenleib gibt, da wird auch ein Geistesleib sein. So heißt es auch in den heiligen Schriften: Der erste Mensch, Adam, ‹wurde verkörpert in eine lebentragende Seelenhülle›; der letzte Adam in eine lebenerzeugende Geistgestalt. Aber als Erster wird nicht angezogen der Geistesleib, sondern der Seelenleib, danach der Geistesleib. Der erste Adam hat seine Gestalt aus der Erde als eine irdische, der zweite Adam hat sie aus dem Himmel als eine himmlische. Wie der irdisch gestaltete, so sind alle irdisch gestalteten Menschen; wie der übersinnlich-himmlisch gestaltete, so sind alle übersinnlich-himmlisch gestalteten Menschen. Und so wie wir das Gestaltbild des irdisch gestalteten an uns tragen, so sollen wir auch das Gestaltbild des übersinnlich-himmlisch gestalteten an uns tragen.»[53]

Die Gestalt, in der Paulus den auferstandenen Jesus wahrnahm, hatte an sich nichts Leiblich-Sinnesähnliches, wie es beispielsweise beim Erlebnis des Thomas der Fall war. *Licht und Wort* begründen die Geburt Christi, des Auferstandenen in seiner Seele. Der geistige Lichthimmel, als Fülle göttlicher Präsenz, sprengt das Bewusstsein des eifernden Pharisäers. In ein zunächst unfassbares Geistgeschehen eingetaucht, verliert er jeden Bezug zur äußerlich-sinnlichen Wirklichkeit und stürzt zu Boden – blind. Und die Stimme Christi in ihm wird fortan seine eigene Gewissensstimme. Das Licht, das ihn erleuchtet, ist das kosmische Weltenlicht der Urschöpfung, und das Wort, das ihn fortan inspiriert, ist das Wort vom Urbeginn, wie es von Johannes am Anfang seines Evangeliums geschildert wird. Die Jesus-Gestalt, die Paulus wahrnimmt, ist aus Licht und tönendem Wort. Man könnte auch sagen – denn er steht vor der Schöpfermacht Gottes –, dass dieser «Auferstehungsleib» aus schaffendem Gedankenlicht, kosmisch und menschlich zugleich, besteht. Es ist der Auferstandene, wie er zunächst der erleuchteten Verstandes- und Gemütsseele erscheinen kann. Die Auferstehung ist ein vielschichtiges Mysterium, das sich nach und nach der Seele erschließen kann, und zwar, wie bereits am Anfang dieser Schrift angedeutet, nach unserer ganz individuellen Verfassung und nach unserem Geistvermögen. Jeder Mensch kann sein individuelles Christus-Erlebnis haben. Und je mehr wir im Bewusstsein seiner mensch- und weltumspannenden Erscheinungsweise erwachen, desto mehr gleichen sich die individuellen Erfahrungen. Und sie alle können im Grunde genommen zunächst auf die Seelenglieder bezogen werden, die als Empfindungsseele, Verstandes- und Gemütsseele und Bewusstseinsseele bezeichnet wurden, sodass wir hier Aspekte einer Menschenkunde der Christus-Erfahrung haben, die im nächsten Kapitel weiter ausgeführt wird. Dazu gehört an zentraler Stelle die Kraft der Liebe, wie sie sich durch Ihn im Laufe der Jahrhunderte und Jahrtausende im Menschen entwickeln wird. Sie ist ein großes Mysterium, denn sie hat auch ein dreiheitlich-einheitliches Antlitz, wie die drei Seelenkräfte unter dem einheitsstiftenden Ich: Sie urständet, wie alles andere im Kosmos, im Christus-Logos. Sie vereinigt *Sinnlichkeit, Verinnerlichung* und *individuelle Ewigkeitspotenz* in einer für unsere Begriffe unendlichen Metamorphose.

Erinnern wir uns an die dreifache Verleugnung des Petrus, an den Hahnenschrei und an seine Erschütterung, als der Christus ihn anblickte. Und denken wir auch an die dreifache Beteuerung am Ende des

Johannesevangeliums, welche in die Worte gipfelt: «Herr, dein wissendes Auge sieht alles, du weißt, dass ich dich liebhabe.» Alles spielt sich bis in die Formulierung hinein im Bereich erhöhter spiritualisierter Sinneserfahrung ab; ganz petrinisch, möchte man betonen. Ganz anders bei Paulus, dem wir nach dem Hohelied Salomos in vorchristlicher Zeit die schönste Dichtung über die Liebe verdanken. Nur ein Mensch, der in den Grundtiefen seines Gemütes gänzlich vom Auferstandenen durchdrungen ist, kann eine solche Sprache, solche inspirierten Worte finden wie folgende. Es ist das Hohelied der Liebe von Paulus, in der der echte petrinische Strom aufgeht, wie auch die durchgeistigte Weisheit des Völkerapostels. Nicht zuletzt der Evangelist Johannes wird von dieser Liebe künden:

«Doch will ich euch den Weg weisen, der höher als alle anderen ist:

Wenn ich mit Menschen- und mit Engelszungen redete: bin ich ohne Liebe, so bleibt mein Sprechen wie tönend Erz und eine klingende Schelle. Und wenn ich die Gabe der Prophetie besäße und wüsste alle Mysterien und alle Erkenntnisse und hätte dazu die Kraft des bergeversetzenden Glaubens: wenn ich ohne Liebe bin, so bin ich nichts. Und wenn ich alles, was mein ist, herschenkte und schließlich sogar meinen Leib hingäbe zum Verbrennen: bin ich ohne Liebe, so ist alles umsonst.

Die Liebe macht die Seele groß.

Die Liebe erfüllt die Seele mit wohltuender Güte.

Die Liebe kennt keinen Neid,
sie kennt keine Prahlerei,
sie lässt keine Unechtheit aufkommen,
die Liebe verletzt nicht, was wohlanständig ist,
sie treibt die Selbstsucht aus,
sie lässt nicht die Besinnung verlieren,
sie trägt niemandem Böses nach,
sie freut sich nicht über Unrecht,
sie freut sich nur mit der Wahrheit.

Die Liebe erträgt alles,
sie ist stets zu gläubigem Vertrauen bereit,
sie darf auf alles hoffen und bringt jede Geduld auf.

Die Liebe kann, wenn sie wirklich da ist, nicht verloren gehen. Die Gabe der Prophetie muss einmal erlöschen, das Wunder der Sprachen hört auf, das hellsichtige Erkennen geht zu Ende. Stückwerk ist unser Erkennen, Stückwerk unsere Prophetie. Einmal aber muss das Vollkommene kommen, das volle Weihe-Ziel, dann ist es mit dem Stückwerk vorbei. Als ich noch ein Kind war, da sprach ich wie ein Kind, und ich fühlte und dachte wie ein Kind. Als ich ein Mann wurde, streifte ich das unmündige

Wesen ab. Jetzt sehen wir noch wie in einem Spiegel alles in dunklen Konturen. Einmal werden wir alles schauen Angesicht in Angesicht. Jetzt ist mein Erkennen Stückwerk. Dann aber werde ich im Strome des wahren Erkennens stehen, in welchem Erkennen und Erkanntwerden eines sind. Nun aber bleibt

Glaube, Hoffnung, Liebe, diese Dreiheit.

Die größte aber unter ihnen ist die Liebe.

Die Liebe sei euer Weg und euer Ziel.»[54]

Johannes der Seher

Keine andere Gestalt aus der Zeit des Urchristentums ist so rätselhaft wie Johannes der Evangelist, der Verfasser des vierten Evangeliums, der Apokalypse und der drei Briefe, die im Neuen Testament enthalten sind. Ist er der gleiche Johannes wie der Bruder des Jakobus, beide Fischer aus Galiläa wie auch Petrus und Andreas? Oder ist er ein anderer, wenn nicht gar zwei verschiedene Autoren? Es ist viel darüber diskutiert und geschrieben worden, zumal und zumeist im Sinne historischer Urkundenforschung. Auf der einen Seite wird ihm die Urheberschaft des Evangeliums zugesprochen, aber im Gegenzug kann gefragt werden, ob es denkbar ist, dass ein einfacher Fischer einen solchen, auch philosophisch hochstehenden Text verfasst haben könnte. Dann sind offensichtlich tiefe Verbindungslinien zwischen diesem Evangelium und der Apokalypse festzustellen,[55] aber «trotz gelegentlicher Berührungen schließen Inhalt und Stil der Johannesapokalypse aus, dass ihr Verfasser mit demjenigen des Johannesevangeliums oder der Johannesbriefe identisch ist oder auch nur zu deren ‹Schule› gehört.»[56]

102

Wer ist also dieser Jünger, «den Jesus lieb hatte»,[57] dem wir doch diese hochspirituellen Schriften verdanken? Johannes Kreyenbühl, ein Theologe vom Anfang des 20. Jahrhunderts, Autor des zweibändigen Werks *Das Evangelium der Wahrheit,* trug viele Argumente zusammen, um zu beweisen, dass der Autor des Johannesevangeliums sich hinter der Gestalt des Lazarus verbirgt,[58] desjenigen, worüber seine Schwestern Maria und Martha Jesus gegenüber sagen lassen: «Herr, siehe, der, den du lieb hast, ist krank.»[59] Diese Spur wurde von Rudolf Steiner verschiedentlich bestätigt und zu ihrem Ziel geführt, u.a. in einem Vortrag über das Johannesevangelium.[60] Fast ein ganzes Kapitel spricht dieses Evangelium über Lazarus und seine Erweckung vom Tode durch das Wort Christi. Zuerst lesen wir, dass Maria und Martha dem Jesus mitteilen lassen, dass ihr Bruder krank ist. Jesus war zu dem Zeitpunkt in der Gegend jenseits des Jordans, wo Johannes der Täufer am Anfang getauft hatte. Wie er das hört, spricht er die geheimnisvollen Worte: «Diese Krankheit ist nicht zum Tode, sondern zur Offenbarung Gottes; die Schöpfermacht des Sohnes Gottes soll sich offenbaren durch sie.»[61] Und dann, nach zwei Tagen, fordert er seine Jünger auf, mit ihm nach Judäa zu gehen: «Lazarus, unser Freund, schläft; aber ich gehe hin, um ihn aufzuwecken. Da sprachen die Jünger zu ihm: Herr, wenn er schläft, so wird er wieder gesund. Jesus aber hatte von seinem Tode gesprochen, und sie meinten, er spräche vom Schlafe. Darauf sprach Jesus in aller Offenheit zu ihnen: Lazarus ist gestorben.»[62] Einmal in Bethanien angekommen, dem Wohnort der drei Geschwister, wurde er zur Grabstelle geführt.

«Als Jesus sie und die mit ihr kommenden Juden weinen sah, bemächtigte sich seines Geistes eine große Erregung, und er sprach voll tiefer Erschütterung: Wo habt ihr ihn bestattet? Sie antworteten: Komm, Herr, und sieh. Und Jesus weinte. Da sprachen die Juden: Seht, wie er ihn geliebt hat. Einige von ihnen jedoch sprachen: Konnte er, der dem Blinden das Augenlicht gab, diesen nicht vor dem Tode bewahren? Von Neuem ging durch das Innere Jesu eine mächtige Bewegung, und er trat an das Grab. Das Grab war in einer Felsenhöhle, und ein Stein lag davor. Und Jesus sprach: Nehmet den Stein weg! Da sprach Martha, die Schwester des Vollendeten, zu ihm: Herr, er ist schon in Verwesung übergegangen, denn es ist bereits der vierte Tag. Aber Jesus sprach: Habe ich dir nicht gesagt: Hättest du den Glauben, du würdest das Offenbarwerden Gottes schauen? Da nahmen sie den Stein weg. Da erhob Jesus seine Augen zur Geistesschau und sprach: Vater, ich danke dir, dass du mich erhört hast. Ich wusste, dass du mich jederzeit hörst. Aber wegen der Menschen, die hier stehen, spreche ich es aus, damit ihr Herz erkennt, dass du mich gesandt hast. Dann rief er mit lauter Stimme: Lazarus, komm heraus! Und der Gestorbene kam heraus, an Füßen und Händen mit Bändern umbunden, das Antlitz mit einem Schweißtuch bedeckt. Und Jesus sprach: Löset die Bänder und lasst ihn gehen!»[63]

Davor hatte ein Gespräch zwischen Jesus und Martha stattgefunden, das uns bereits einen Schlüssel in die Hand gibt, um jenen Tiefen johanneischer Spiritualität näherzukommen, worauf ich in dieser Arbeit besonders aufmerksam machen möchte. Als Jesus angekommen war, hatte ihm Martha gesagt:

«Herr, wärest du hier gewesen, so wäre mein Bruder nicht gestorben. Aber ich weiß, dass Gott jede Bitte, die du an ihn richtest, erfüllt. Jesus antwortete ihr: Dein Bruder wird auferstehen. Martha sprach zu ihm: Ich weiß, dass er auferstehen wird bei der großen Auferstehung an der Zeiten Ende.

Da sprach Jesus zu ihr: Ich Bin die Auferstehung und das Leben. Wer sich glaubend mit meiner Kraft erfüllt, wird leben, auch wenn er stirbt; und wer mich als sein Leben in sich aufnimmt, ist von der Macht des Todes befreit im ganzen irdischen Zeitenkreis. Fühlest du die Wahrheit dieser Worte? Und sie sprach: Ja,

Herr. Ich habe mit meinem Herzen erkannt, dass du der Christus bist, der Sohn Gottes, der in die Erdenwelt kommt.»[64]

Rudolf Steiner bringt dieses dramatische Geschehen in Zusammenhang mit einer Einweihung des Lazarus in das Christus-Mysterium von Tod und Neugeburt. Es ist wichtig, hier etwas zu verweilen, um der besonderen Qualität dieser Erweckung, aus der «Johannes» geboren wurde, nahezukommen. Denn das führt uns in das Innere johanneischer Spiritualität hinein, aus der heraus ihre spezifischer Beziehung zum Auferstandenen, wie er vor allem in der Apokalypse geschildert wird, verständlich wird. Besonders hier möchte ich bemerken, dass vieles, was in diesem Buche dargestellt ist, nicht etwa als «Beweise» gemeint ist, sondern als Hinweise, die als Anregungen zum Weiterdenken gedacht sind, zumal diese Zusammenhänge in ihrer vollen Tiefe außerordentlich komplex sind. In seinem Buch: *Das Christentum als mystische Tatsache* schreibt Steiner folgendes: «Kein Zweifel kann sein, dass der Vorgang in Bethanien eine Erweckung im geistigen Sinne ist. Lazarus ist ein anderer geworden, als er vorher war. Er ist zu einem Leben erstanden, von dem das ‹ewige Wort› sagen konnte: ‹Ich bin dieses Leben.›» Nachdem dieser Bezug auf den Prolog des Johannesevangeliums genommen wurde, lesen wir: «Was ist also mit Lazarus vorgegangen? Es ist der Geist in ihm lebendig geworden. Er ist des Lebens teilhaftig geworden, das ewig ist.»[65] In Petrus war auch der Geist lebendig geworden, und Paulus schrieb auch, dass es der Christus war, der in ihm lebte. Aber Johannes eröffnet sich eine andere Seite des Mysteriums, die auch bei Petrus und Paulus freilich anwesend ist, jedoch noch nicht in der gleichen existenziellen Stärke. Denn Lazarus wurde krank und starb wirklich einige Zeit danach. Auch bei Petrus und Paulus sehen wir «Stirb-und-Werde»-Prozesse. Bei Petrus vor und nach der Verleugnung und Paulus war infolge der Damaskus-Stunde ein anderer Mensch als Saulus geworden. Aber bei Lazarus-Johannes greift die Macht des Wortes Christi noch tiefer, noch existenzieller ein. «Lazarus, komm heraus!» ist das neue Mysterienwort johanneischen Christentums. Hier wird das Wesen desjenigen, den Jesus lieb hatte, wieder in den Körper hereingeführt, nachdem es einige Tage in der geistigen Welt geweilt hatte. Nicht nur: an Händen und Füßen «mit Bändern umbunden», schreitet er aus dem Grab heraus, gleichsam um von der Kraft zu bezeugen, die alle Materie in ihren Dienst stellt und verwandelt. Eine Erweckung nach einem todesähnlichen Schlaf ist ja aus der Mysterientradition bekannt.

Rudolf Steiner knüpft geradezu direkt an Mysterienkulte an, um den besonderen Einweihungscharakter der Geschehnisse in Bethanien hervorzuheben. Das Erlebnis des Lazarus, so führt er aus, «kann mit den Worten derer [ausgesprochen werden], die in die Mysterien eingeweiht wurden. [...] Was sagt doch Plutarch ... über den Zweck der Mysterien? Sie hätten dazu gedient, die Seele vom körperlichen Leben abzuziehen und mit den Göttern zu vereinigen.» Und dann schreibt er: «Man erlebt dann etwas ganz Besonderes bei der Erzählung des Johannes. Eine Gewissheit dämmert auf, die keine logische Auslegung, kein rationalistischer Erklärungsversuch geben kann. Ein Mysterium im wahren Sinn des Wortes steht vor uns. In Lazarus ist das ‹ewige Wort› eingezogen. Er ist, im Sinne der Mysterien zu sprechen, ein Initiierter (Eingeweihter) geworden ... Und der Vorgang, der uns erzählt wird, muss ein Initiationsvorgang sein.» In Lazarus-Johannes hatte sich, im Unterschied zu allen früheren oder damals noch gegenwärtigen Mysterienkulten, ein Vorgang abgespielt, der gewissermaßen bereits ein Vorklang der leiblich-seelischen Auferstehung war, wie sie sich etwas später im Rahmen der Golgatha-Ereignisse offenbaren wird. Eine eingehende Betrachtung der ersten Bilderfolge aus der Johannesoffenbarung, wie die Apokalypse, der letzte

Teil der ganzen Bibel, auch genannt wird, kann uns hier weitere Aufschlüsse geben.

In der Apostelgeschichte wird dargestellt, wie Johannes, in der Zeit nach Pfingsten, für eine Weile mit Petrus zusammenwirkt. Es ist, als ob das am Ende des Johannesevangeliums geschilderte Gespräch über den Auftrag beider Jünger, ein besonderes Band zwischen beiden ziemlich ungleichen Naturen geknüpft hätte. Petrus erleben wir oft im Vordergrund der Ereignisse. Johannes ist stiller, zurückhaltender. Bei dem letzten Abend vor dem Drama von Golgatha sitzt er «mit zu Tisch, an der Brust Jesu liegend»:[66] eine Haltung, die eine starke Aussagekraft hat. Der spätere Verkünder des Logos, des «Wortes», weiß schon alles. Noch schweigt er, aber sein Wort wird für Jahrtausende unzählige Seelen inspirieren und dann auch im eigentlichen Sinn des Wortes «erbauen», womit nur der Bau eines neuen, unsterblichen und unverweslichen «Adam» gemeint sein kann. Johannes wird nicht nur den neuen Menschen verkünden, sondern bis in feinste seelisch-leibliche Strukturen hinein ist er ein neuer Mensch geworden. Die Macht einer voll ausgebildeten Bewusstseinsseele hat bereits angefangen, einen «David» aus seiner Leiblichkeit heraus zu gestalten. Schauen wir das etwas näher an.

Eine Reihe von Jahren nach diesen Ereignissen

scheint sich Johannes in die Griechenstädte an der kleinasiatischen Küste begeben zu haben. Seine Botschaft ist im Kern hier enthalten:

«Vom Urbeginne her ist es; wir haben es gehört, wir haben es mit unseren Augen gesehen, wir haben es geschaut und haben es mit unseren Händen berührt: das Weltenwort, das alles Leben in sich trägt, von ihm wollen wir reden. Das Leben selbst hat sich geoffenbart, und wir haben es gesehen. Und so bezeugen und verkünden wir es euch als das Leben, das durch alle Zeitenkreise geht. Es war beim Vater; jetzt hat es sich uns geoffenbart. Wir haben es gesehen und haben es gehört und verkündigen es nun euch, damit auch ihr mit uns in Geistgemeinschaft leben könnt. Das ist unsere Gemeinschaft mit dem Vater und mit Jesus Christus, seinem Sohn. Wir schreiben es euch, damit sich eure Freude erfülle.

Und dies ist die Botschaft, die wir von ihm empfangen haben und die wir euch verkünden: Gott ist Licht, und keinerlei Finsternis ist in ihm. Wenn wir sagen, wir haben Gemeinschaft mit ihm, und führen doch unser Leben in der Finsternis, so ist, was wir sagen, Lüge, und was wir tun, hat keine Wirklichkeit. Erst wenn unser Leben ganz von Licht durchdrungen ist, so wie er selber im Lichte ist, verbindet uns die wahre Gemeinschaft, und das Blut Jesu, seines

Sohnes, reinigt uns von aller Sünde. [...] Wer sagt, er sei im Licht, und hasst doch seinen Bruder, der ist immer noch in der Finsternis. Wer aber seinen Bruder liebt, der wohnt im Lichte; nichts, was ihn vom Geiste trennt, ist in ihm vorhanden. [...] Wir wissen, dass wir aus dem Bereich des Todes in den des Lebens hinübergeschritten sind; denn wir lieben die Brüder. Wer nicht liebt, bleibt in des Todes Gewalt. Jeder, der seinen Bruder hasst, ist ein Menschenmörder. [...]

Ihr Lieben, lasst uns einander lieben, denn die Liebe ist aus Gott, und jeder, der liebt, ist aus Gott geboren und erkennt Gott. Wer nicht liebt, hat Gott nicht erkannt, denn Gott ist Liebe. Dadurch ist die Liebe Gottes sichtbar unter uns erschienen, dass Gott seinen einzig aus ihm geborenen Sohn in die Welt sandte, damit wir durch ihn das wahre Leben haben. Das ist das Wesen dieser Liebe, nicht dass wir Gott geliebt haben, sondern dass er uns geliebt und seinen Sohn gesandt hat zur Sühne und Heilung für unsere Sünden. Ihr Lieben, wenn Gott uns so geliebt hat, so sind wir es schuldig, dass wir einander lieben. Gott hat niemand je geschaut; wenn wir aber einander lieben, so bleibt Gott in uns, und seine Liebe gelangt in uns zur Vollendung. Daran erkennen wir, dass wir in ihm bleiben und er in uns: Er hat uns von seinem Geist gegeben. Wir haben es selbst gesehen und können es bezeugen, dass der Vater den Sohn gesandt hat, um der Welt das Heil zu bringen. Wer sich dazu bekennt, dass in Jesus der Sohn Gottes unter uns getreten ist: in ihm wohnt Gott, und er wohnt in Gott. Wir haben die Liebe, mit der Gott in uns wohnt, erkannt und auf sie unseren Glauben gegründet.

Gott ist Liebe, und wer in der Liebe bleibt, der bleibt in Gott, und Gott bleibt in ihm. Und das ist die vollkommenste Frucht der Liebe unter uns, dass wir freudige Zuversicht besitzen am Tage der großen Entscheidung. Wie Er sich in diese Welt hineingestellt hat, so wollen auch wir es tun. Furcht ist nicht in der Liebe; die vollkommene Liebe hingegen treibt alle Furcht aus. Die Furcht trägt ihre Strafe in sich selbst; wer furchtsam ist, bleibt ohne Vollkommenheit in der Liebe. Lasst uns lieben, denn er hat uns zuerst geliebt. Wer sagt, dass er Gott liebt, und hasst doch seinen Bruder, ist ein Lügner. Denn wenn einer den Bruder, den er sieht, nicht liebt, so kann er Gott, den er nicht sieht, erst recht nicht lieben. Dieses Gebot haben wir von Ihm empfangen, dass der, der Gott liebt, auch seinen Bruder lieben soll.»[67]

Wir wissen sonst nicht, wo Johannes sich außerdem aufgehalten haben mag. Mehrere Jahrzehnte nach den Ereignissen von Jerusalem bricht eine systematische Christenverfolgung durch Kaiser Domitian aus, in deren Verlauf Johannes auf das kleine, der kleinasiatischen Küste vorgelagerte Felseneiland Patmos verbannt wird. Hier verfasst er seine Apokalypse, ein Buch, dessen gewaltige Bilder zu vielen Deutungen im Laufe der Jahrhunderte angeregt haben. Ich werde im Folgenden versuchen, den Anfang dieser «Offenbarung» in den Kontext dieses Buches einzufügen. Denn diese Vision ist von zentraler Bedeutung für das johanneische Christus-Erleben.

Nachdem geschildert wird, dass der Christus «der Erstgeborene aus dem Reich des Todes ist», und dass er uns «in die wahre Königswürde eingesetzt und uns zu Priestern gemacht vor dem göttlichen Weltengrunde, seinem Vater», lesen wir:[68] «Siehe, er kommt im Wolkensein. Alle Augen sollen ihn schauen, auch die Augen derer, die ihn durchstochen haben ...

Ich bin das Alpha und das Omega,
so spricht der Herr, unser Gott,
der ist und der war und der kommt,
der Gebieter des Alls.

Ich, Johannes, euer Bruder und Schicksalsgefährte sowohl in allen Prüfungen als auch im inneren Königtum und in der ausharrenden Kraft, die wir als die mit Jesus Verbundenen besitzen, war auf der Insel

Patmos. Dort sollte ich des göttlichen Weltenwortes teilhaftig und der Zeugenschaft des Leidens Jesu erwürdigt werden.

Am Tage des Herrn wurde ich in das Geistgebiet versetzt und hörte hinter mir eine gewaltige Stimme wie den Schall einer Posaune. Sie sprach: Schreibe, was du siehst, in ein Buch, und sende es an die sieben Gemeinden, nach Ephesus und nach Smyrna und Pergamon und nach Thyatira, nach Sardes und nach Philadelphia und Laodizea. Und ich wandte mich um, den zu sehen, dessen Stimme zu mir sprach. Und als ich mich umwandte, sah ich sieben goldene Leuchter und inmitten der Leuchter eine Gestalt wie die des Menschensohnes:

bekleidet mit einem lang wallenden Gewand,
die Brust mit einem goldenen Gürtel umgürtet,
mit weißem Haupt, dessen Haar leuchtete wie
    weiße Wolle und wie Schnee,
mit Augen, als wären es Feuerflammen,
mit Füßen, als wären sie von Golderz, das im Feuer
    geglüht ist,
mit einer Stimme gleich dem Rauschen großer
    Wasserströme,
in seiner rechten Hand hielt er sieben Sterne,
aus seinem Munde ging es hervor wie ein scharfes
    zweischneidiges Schwert,

und sein Antlitz leuchtete wie die Sonne in ihrer ganzen Kraft.

Und als ich ihn sah, fiel ich zu seinen Füßen nieder und war wie tot. Er aber legte mir seine rechte Hand auf und sprach: Fürchte dich nicht. Ich bin der Erste und der Letzte und der Lebendige. Ich war tot, dennoch trage ich das Leben der Welt durch alle Äonen. Mein ist der Schlüssel zum Reiche des Todes und der Schatten. Schreibe nieder, was du siehst, das Gegenwärtige und das Zukünftige. Das Geheimnis der sieben Sterne, die du siehst in meiner rechten Hand, und der sieben goldenen Leuchter ist dieses: Die sieben Sterne sind die Engel der sieben Gemeinden, und die sieben Leuchter sind die sieben Gemeinden selbst.»

Was sieht Johannes eigentlich? Und wie soll man diese Bilder auffassen? Soll man sie physisch-realistisch nehmen oder bloß sinnbildlich?

In der geisteswissenschaftlichen Erkenntnisschulung spricht man von drei Stufen höherer Erkenntnis über das alltäglich-normale Bewusstseinsniveau, womit ich sonst meinen Alltag meistere: Imagination, Inspiration und Intuition.[69] In der *Imagination* kleiden sich sozusagen geistige Wesen und Vorgänge in Bilder ein, die in der Regel aus unserem Gedächtnis-Reservoir entnommen sind, so wie es sich im Laufe des Lebens ausgestaltet hat. Nicht die Bilder sind die Wirklichkeit, sondern die Geistigkeit, die *durch* die Bilder – gleichsam Buchstaben – sich ausspricht. Es sind eine Art Wachträume von besonderer Intensität, in ihrer Realsymbolik Traumbildern vergleichbar. Und wie so oft bei den Träumen, bewegen sich diese in der Regel sehr beweglichen Bilderfolgen in einer Raum und Zeit überlegenen Dimension: Ein sehr langer Traum spielt sich in Wirklichkeit in Sekundenschnelle ab und ein Flug durch den Weltenraum erweist sich beim Aufwachen als ein bloßer «Traum». Durch die *Inspiration* werden uns Inhalt und Zusammenhang der Geschehnisse bewusst. Dadurch wissen wir uns auch in einem lebendigen geistigen Strom eingeflochten: Eine innere Sprache wird unserem Herzen hörbar und fühlbar. Wir verstehen die Bilder in ihrem Zusammenhang.

Die weitaus intensivere Erlebnis- und Erkenntnisstufe der *Intuition* – nicht mit dem momentanen Einfall, den wir Intuition nennen, zu verwechseln – lässt uns nicht allein die Bilder erleben oder sie als Kundgebung höherer Wesen verstehen, sondern wir *erleben* und *erkennen* in uns und *in* dem betreffenden Wesen zugleich. Diese Erkenntnisart klingt schon in den Worten Paulus' an, die wir am Ende des Hoheliedes der Liebe bereits gelesen haben und in denen

wir bereits eine Stufenfolge geistiger Erkenntnis vorfinden, ähnlich der eben geschilderten: «Jetzt sehen
wir noch wie in einem Spiegel alles in dunklen Konturen. Einmal werden wir alles schauen, Angesicht in
Angesicht. Jetzt ist mein Erkennen Stückwerk. Dann
aber werde ich im Strome des wahren Erkennens stehen, in welchem Erkennen und Erkanntwerden eines
sind.» In diesem Sinne können wir jetzt eine Deu-
tung dieser Anfangs-Imagination versuchen, wobei
Imaginationen in ihrer Lebendigkeit mehrschichtige
Deutungen ermöglichen.[70]

Zunächst hören wir, dass am Ostertag Johannes in
das Geistgebiet versetzt und einer gewaltigen Inspiration teilhaftig wird. Die Stimme gebietet ihm aufzu-
schreiben, was er sieht, und dann erscheint, inmitten
sieben goldener Leuchter, eine Gestalt wie die des
Menschensohnes, des Auferstandenen. Die sieben ur-
christlichen Gemeinden erscheinen ihm wie sieben
goldene Leuchter: fest auf dem Boden ruhend, aber
leuchtend im siebenfachen Lichte einer Engelschar
als Inspirationsquelle göttlicher Sternenwelten. Die
Siebenfalt der Sterne wirkt sich wie siebenfaches Re-
genbogenlicht in dem unterschiedlichen Charakter
der einzelnen Gemeinden aus. Von alters her sah man
in den sieben Planetensphären Ausstrahlungssphären
der herrschenden Planetengeister. Diese «Sterne»

sind also kosmische Wesen, im Weltenraum wirkend, aber in ihrer physischen Erscheinungsform von der Erde aus sichtbar. Und jene Gestalt, «wie die des Menschensohnes» ist eine weltenumfassende kosmische Macht, in deren «Hand» alle Planetenkräfte liegen: Sie ist vollendet-frei. Dieses Bild des «Menschensohnes» ist sehr tief und, wie eigentlich alles in der Bibel, mehrschichtig deutbar. Im Zusammenhang mit einem Kernmotiv unseres Buches schließe ich mich der Interpretation Emil Bocks an, der es versteht, große weltgeschichtliche Perspektiven in knappen, wesentlichen Sätzen zu verdichten:

«Eine Menschengestalt von erhaben-feierlicher Größe erweist sich als der Sprecher mit der Stimme, die wie eine Posaune klingt. Ist es Christus? Die Worte: ‹Ich war tot und bin wieder lebendig geworden› legen es uns nahe. Die Apokalypse bezeichnet die große Schau als ‹Bild des Menschensohnes›. Der ‹Sohn des Menschen› ist der Geistesmensch, der als ein Höheres im Erdenmenschen geboren wird. Wir stehen vor einem ähnlichen Zusammentreffen und Ineinander wie in den Evangelien da, wo die Bezeichnung ‹Menschensohn› auf Christus angewendet wird. Menschensohn ist nicht eigentlich eine Bezeichnung für Christus, aber Christus kann, weil er ‹der Mensch› ist, so bezeichnet werden.

Das wahre Menschenbild, das himmlische Urbild des Menschen, die Gestalt des Geistesmenschen ragte, ihn überschwebend, in der paradiesischen Urzeit in den Erden-Menschen herein. Durch den Sündenfall entfiel der Mensch seinem Urbild. In und durch Christus auferstand der Geistesmensch. Der Christus Jesus war der erste Träger des wiederhergestellten wahren Menschenbildes. Fortan leuchtet der Menschheit das Ziel der Vollendung wieder hell auf. Johannes auf Patmos schaut Christus und zugleich das in und durch Christus der Menschheit wiedergegebene wahre Menschenideal, den höheren Menschen. Und indem er dieses Bild in seiner feierlichen Größe an den Anfang der Apokalypse stellt, eröffnet er den Ausblick auf das Ziel, zu welchem alle Stufen des Weges hinführen müssen.»[71]

Hier finden wir wieder den «neuen Adam» des Paulus, den werdenden Menschen im Sinne Pico della Mirandolas, und nicht zuletzt den «David», den jeder Mensch in sich, aus sich heraus, in der völligen Selbstbestimmung seines Handelns verwirklichen kann. Somit ist dieser «Christus» auch ein Bild dessen, was Johannes' ewiges Wesen ausmacht, und zugleich eine weitere Form, in der sich der auferstandene Christus zeigen kann: kosmisch-übermenschlich. Als Lazarus war Johannes bereits einmal, im Sinne einer besonderen Einweihung, gestorben: Dadurch konnte er fortan *den Gott im Menschen* erkennen und die intimsten Botschaften erleben. Jetzt macht er auf einer höheren Stufe wieder eine Art Tod durch und er erkennt den *kosmischen Menschen in Gott.* Er steht, nachdem «das Alpha und das Omega» ihn durch seine Berührung wiedererweckt hat, im Sinne Paulus', im Strome des wahren intuitiven Erkennens, in welchem Erkennen und Erkanntwerden eines sind. Alle drei Apostel, Petrus, Paulus und Johannes, haben, jeder in seiner Art, dieses Mysterium des wahren Erkennens erlebt, ein Erkennen, das zugleich Kommunion ist. Petrus hatte in Cäsarea Christus zunächst *vor sich* erkannt. Durch seine spiritualisierte Empfindungsseele erfuhr er den Auferstandenen in seiner verklärten Leiblichkeit. Es geschah gleichsam im Erdelement. Paulus sollte den Auferstandenen als Licht und als durchlichtetes Wort *in sich* erfahren. Ein durchgeistigter kultisch-sakramentaler Strom wirkt seit Petrus' Tagen im Namen Christi und in der gleichen Kraft geschah die Spiritualisierung der Verstandes- und Gemütsseele durch Paulus. Beides schreitet durch die Jahrhunderte in fortwährender Verwandlung, denn der Christus-Logos ist Entwicklung schlechthin und es ist die Aufgabe einer jeden Generation, den wahren Zeitgeist zu erkennen.

Johannes-Lazarus wird sein eigenes, durchchristetes Menschsein im kosmischen Christus sehen, das heißt im Geistgebiet gleichsam – *außer sich*. In seiner Bewusstseinsseele geht «ein Licht auf, das unvergänglich ist. Sofern die Seele in diesem Lichte lebt, ist sie eines Ewigen teilhaftig. Sie verbindet mit ihm ihr eigenes Dasein.»[72] Petrus dringt durch den Schleier der Sinne, Paulus durch den Schleier seines Ich und Johannes durch den Schleier des Todes: ein differenziert-einheitlicher Dreiklang und zugleich ein Okular für die Wirksamkeit des Auferstandenen im Laufe der gesamten Evolution, bis zu einer verwandelten Erde – das «neue Jerusalem» – des Apokalyptikers. In allen drei Seelengliedern kann die Schwelle – oder der Abgrund – zwischen Mensch und Gott überschritten und aufgehoben werden.

Johannes begründet ein neues Geist-Schauen, geboren aus dem Tod alter Erkenntniskräfte und hinausgewachsen in Sternenhöhen und Raumesweiten. In seiner Schau des Auferstandenen ist bereits die ganze Apokalypse als Bild eines aus dem Tode auferstehenden, neuen Kosmos veranlagt, an dessen Dynamik auch unsere gegenwärtige Zeit existenziell beteiligt ist.

«Nun seid getröstet in dem Schauen» – Die dreifache Erscheinung Christi

Fassen wir den Inhalt der vorigen Kapitel zusammen. Die Empfindungsseele des Menschen, als sinnengebundenes Seelenglied, erweist sich als das Tor zum sichtbaren, hörbaren und tastbaren Teil unseres Kosmos. Als Geistgeborene, wie der ganze Mensch auch, wenn sie ungetrübt durch materialistische Sehgewohnheiten in die Welt hinausschaut, weiß sie: Die Natur ist gottgeboren. Eine ursprüngliche Naturreligion ist die Folge dieser Tatsache, sowie Kulte und Rituale, die durch die Sinne so wirken, dass sich der Mensch an seinen göttlichen Ursprung mehr und mehr erinnern kann. Dadurch wird im Kern ein wesentlicher Aspekt der altägyptischen Kultur sichtbar. Petrus, wie gewiss auch die anderen Fischer aus Galiläa, vertritt in maßgeblicher Art diese Qualität. Sein im Legenden-Kleid geschildertes dreitägiges Verbleiben in der Grotte gemahnt an das dreitägige Ruhen des Lazarus im Grab. Petrus' ganzes Seelengefüge wird nach einer Art Seelentod erhöht: Gleich einer Sinneserscheinung erlebt er den auferstandenen «Menschensohn», wie bereits auch Maria Magdalena in der Morgenfrühe ihres Christus-Erlebens und Thomas später. Wie ist es um diese «Christus-Leiblichkeit» beschaffen? Wenn man davon ausgeht, dass der ganze Kosmos – Sterne, Erde, Mensch – geistgeboren ist, so bietet sich gleich ein Erkenntniszugang zu einem Geschehen, das sich zunächst dem Verständnis zu entziehen scheint. In dem Zitat am Ende des vorigen Kapitels erwähnt Emil Bock «das wahre Menschenbild, das himmlische Urbild des Menschen», wie es von den Elohim gedacht war. In der Genesis lesen wir dann, dass sich der Mensch durch den Sündenfall dem göttlichen Urbild entfremdete und zugleich dem Garten Eden der ewigen Jugend und des ewigen Lebens. Er wurde todverhaftet. Seine Seelenkräfte verfinsterten sich. Seine Gestalt zerfiel im Tode zu Erdenstaub. Nur die gleiche Schöpfermacht des Urbeginns, von Johannes «Logos» – Wort, Sinn, Gedanke – genannt, hatte in sich die Kraft – als Mensch – das Menschenbild, den ganzen Menschen, wiederherzustellen. Das aber bedeutet, ihn, mit allen Erfahrungen des Lebens auf Erden im Laufe äonenlanger Evolution, neu in eine Gestalt des Lichtes und des ewigen Lebens zu verwandeln. Kein Wiederaufwecken eines Leichnams – wie bei Lazarus – war die Auferstehung, sondern eine durch die Lichtes- und Liebeskraft Christi erhöhte Metamorphose des ganzen Menschen als geistig-stoffliches Wesen, als Urzustand einer fortdauernden Erdverwandlung. Der auferstandene Leib Christi war zwar Gestalt, aber sterblichkeitsenthoben. Und Unsterblichkeit heißt nicht Unbeweglichkeit oder statisches Verharren im «Himmel». Denn Leben ist immer Bewegung und Wandlung, das heißt: Entwicklung. Daher ist in der Apokalypse alles in ständiger Bewegung. Dieses Mysterium des «Stirb und Werde» macht uns die logosentsprossene Natur um uns seit Urzeiten vor: Ein Samenkorn wird in das Grab der Erde versenkt, und wie seine Hülle zerbricht, rufen Licht und Wärme eine neue Gestalt hervor. Die Raupe stirbt, das Künftige ruht und schafft im Innern der Puppe, bis der Tag des Falters anbricht: alles Buchstaben und Zeichen des Logos. Und zu Ostern bricht die Sonne aus der dunklen Gruft der Erde empor.[73]

Paulus, der «Frühgeburt», wird dann das Erlebnis dieser Sonne zuteil. Beim Auferstehungs-Erleben im Sinne spiritualisierter Empfindungsseele, wie es bei Petrus der Fall war und wie es immer wieder Menschen bis in die heutige Zeit hinein erzählt haben und erzählen, «verdichtet» sich gleichsam der Christus bis an das Ufer der Sinne. In Paulus wird sich dann die Sonnen-Natur eines erleuchteten Denkens durch die Begegnung mit dem Auferstehungslicht entfalten.

Er erlebt auch Apokalyptisches, aber anders als Petrus und Johannes. Derjenige, «der ist und der war und der kommt», wie der Apokalyptiker berichten wird, setzt im Laufe der Zeit den wiedergeborenen Paulus imstande, wesentliche Aufschlüsse über Vergangenheit, Gegenwart und Zukunft der Menschheitsentwicklung in seinen Briefen zu entwerfen. Er wird mehr und mehr aus einem spirituellen «Zeitstrom» heraus, der zugleich Licht und Kraft Christi ist, inspiriert. Das ist die Sphäre, die Rudolf Steiner als die ätherische Welt bezeichnet, die Lebenssphäre von Erde und Sternenkosmos, aus der heraus heute die Menschheit im Paulinischen Sinne des Auferstandenen ansichtig werden kann.[74] Und das ist zugleich die Botschaft der Seherin Theodora, wie sie am Anfang dieses Buches zitiert wurde. Es ist eine «Seelenform», in der der Menschensohn heute auch erfahren werden kann. Die Keimkraft des echten Glaubens, wie sie im erkennend-ahnenden Herzen – im Gemüt – wurzelt, kann durch das gegenwärtige Wirken Christi in die Blüte eines neues Geist-Schauens sich wandeln. In dieser Sphäre der Lebenskräfte, wie sie den ganzen Kosmos samt Pflanzen, Tieren und Menschen durchzieht, kann Christus in einer Art kosmischem Licht-Lebensleib erlebt werden. Es handelt sich um ein Ereignis, auf das Rudolf Steiner nicht müde wurde, besonders vom Jahre 1910 an hinzuweisen und dessen Bedeutung für Gegenwart und Zukunft nicht hoch genug eingeschätzt werden kann. Von immer neuen Gesichtspunkten aus schildert er dieses besondere, vielschichtige Geschehen. So beispielsweise in Heidelberg am 27. Januar 1910:

«Das was Paulus erlebt hatte, die Anwesenheit des Christus in der Erdenatmosphäre, das ist dasjenige, was ein durch esoterische Schulung hellseherischer Mensch heute ... erleben kann, das ist auch das, was eben durch natürlich gewordenes Hellsehen einzelne Menschen werden erleben können, wie es charakterisiert worden ist, von den Jahren 1930 bis 1940 anfangend, dann durch längere Zeiträume hindurch als etwas ganz natürlich Gewordenes. Das Ereignis von Damaskus wird sich dann für viele wiederholen, und wir können dieses Ereignis eine Wiederkunft des Christus nennen, eine Wiederkunft im Geiste. Der Christus wird für die Menschen, die hinaufsteigen können bis zum Sehen des Ätherleibes, da sein. Denn bis zum Fleische ist der Christus nur einmal heruntergestiegen: damals in Palästina. Aber im Ätherleibe ist er immer vorhanden in der Ätheratmosphäre der Erde. Und weil die Menschen sich zum Äthersehen entwickeln werden, deshalb werden sie ihn schauen. So ergibt sich die Wiederkunft des Christus dadurch, dass die Menschen hinaufsteigen zu der Fähigkeit den Christus zu schauen im Ätherischen. Dieses haben wir in unserer Übergangzeit zu erwarten. Und dasjenige, was die Geisteswissenschaft zu leisten hat, das ist nun auch, vorzubereiten die Seelen, damit sie empfangen können den Christus, der zu ihnen herniedersteigt.»[75]

Diese «Empfängnis» oder auch, im Sinne Paulus', Geburt des «Christus in mir», wie es in den Tiefen des Gemütes entfacht wird, löst in der Seele, je nach individueller Veranlagung, zunächst neue Verständnismöglichkeiten für das Spirituelle im Allgemeinen aus, bevor der «Menschensohn» erkannt wird, sei es mehr im Sinne des Petrus, des Paulus oder des Johannes. Ich sehe die weitverbreitete Suche unserer Gegenwart nach spiritueller Erfahrung – nach «Esoterik» – im Lichte eines aufdämmernden, neuen Christus-Bewusstseins, auch wenn es nicht so genannt wird. Denn dieser Impuls zum Geistigen hat nicht direkt mit den institutionalisierten Religionen der Welt zu tun. Er wirkt im Prinzip in jedem Menschen unabhängig von seiner Religionszugehörigkeit oder wissenschaftlicher Überzeugung, denn er ist ein universell-menschlicher Impuls. Er kann dann zu Erfahrungen führen, welche die Grenzen des bisher Gewussten und Gefühlten bei Weitem übersteigen.[76]

Die Gestalt, in der insbesondere der Auferstandene im johanneischen Sinne erlebt wird, ist die am wenigsten bekannte. Das dürfte damit zusammenhängen, dass sie mit einer Bewusstseinsseele erfahren wird, der das Kosmisch-Ewige des Menschen, sein «Geistselbst», wie es Rudolf Steiner nennt, mehr und mehr innewohnt:

«In dem Ich ist der Geist lebendig. Es strahlt der Geist in das Ich und lebt in ihm als in seiner ‹Hülle›, wie das Ich in Leib und Seele als seinen ‹Hüllen› lebt. Der Geist bildet das Ich von innen nach außen, die mineralische Welt von außen nach innen. Der ein ‹Ich› bildende und das ‹Ich› lebende Geist sei ‹Geistselbst› genannt, weil er als ‹Ich› oder ‹Selbst› des Menschen erscheint. Den Unterschied zwischen dem ‹Geistselbst› und der ‹Bewusstseinsseele› kann man sich in folgender Art klarmachen. Die Bewusstseinsseele *berührt* die von jeder Antipathie und Sympathie unabhängige, durch sich selbst bestehende Wahrheit; das Geistselbst trägt in sich *dieselbe* Wahrheit, aber aufgenommen und umschlossen durch das ‹Ich›; durch das Letztere individualisiert und in die selbstständige Wesenheit des Menschen übernommen. Dadurch, dass die ewige Wahrheit so verselbstständigt und mit dem ‹Ich› zu einer Wesenheit verbunden wird, erlangt das ‹Ich› selbst die Ewigkeit.

Das Geistselbst ist eine Offenbarung der geistigen Welt innerhalb des Ich, wie von der andern Seite her die Sinnesempfindung eine Offenbarung der physischen Welt innerhalb des Ich ist.»[77]

Dieses Geistselbst ist seiner Natur nach überzeitlich-kosmisch, während unser gewöhnliches Ich in seinem Erleben räumlich-zeitlich gebunden ist. Als Geschenk göttlicher Welten ist dieses Geistselbst, als «Selbst» des Menschen, universeller Natur. Aber auch diese johanneische Erfahrung setzt einen «Stirb und Werde»-Prozess hervor, wie bei beiden anderen Qualitäten, die freilich auch – nur anders – zu den Ewigkeitswerten des «Geistselbst» gleichsam vorstoßen können.

Das johanneische Erleben ist in gewissem Sinne dem Gefühl verwandt, das Sommertage in uns bewirken können. Das Ganze der Jahreszeiten ist für uns Menschen eine Art Einatmen und Ausatmen der Seele. Einatmen im Winter: Wir sind ganz bei uns, gleichsam eingehüllt in dicke Mäntel, und gerne werden in den Häusern Kerzen angezündet. Die Lichtfülle des Sommers ist dunklen Tagen gewichen. Aber in dem Maße, wie es nach dem Frühjahr immer heller und wärmer wird, möchte man mehr und mehr ein Stück Natur werden. Eine Art Fernweh sucht alle heim, was eigentlich Sehnsucht nach sich selbst ist.

Der Bergsteiger findet sich in der unermesslichen Weite der Gebirgsketten und der einsame Schwimmer möchte selber Fluss, Meer, Ozean werden. Der Wanderer saugt die Luft der Wälder und Wiesen so ein, wie wenn alles ein Stück von ihm wäre. Zusammen mit dem stetigen Sprießen und Blühen der Natur fangen wir alle an, Frauen wie Männer, seelisch aus uns hinauszuwachsen. In seinem Gedicht *Mondnacht* drückt Eichendorff ähnliche Empfindungen aus:

> Es war, als hätt' der Himmel
> Die Erde still geküsst,
> Dass sie im Blütenschimmer
> Von ihm nun träumen müsst.
>
> Die Luft ging durch die Felder,
> Die Ähren wogten sacht,
> Es rauschten leis die Wälder,
> So sternklar war die Nacht.
>
> Und meine Seele spannte
> Weit ihre Flügel aus,
> Flog durch die stillen Lande,
> Als flöge sie nach Haus.

In zwei Sprüchen Rudolf Steiners aus dem *Seelen-kalender* wird dieses Erleben sozusagen auf den Punkt gebracht: Die Seele des Menschen sucht sich im *Welten-Ich*, einem Aspekt des Christus-Logos, so wie er durch das Bild eines brennenden Dornbusches auf dem Berge Horeb sich dem ehrfürchtig-staunenden Moses kundtat. Als Moses die Stimme Gottes hörte und von seinem Auftrag hörte, fragte er: «Siehe, wenn ich zu den Israeliten komme und spreche zu ihnen: Der Gott eurer Väter hat mich zu euch gesandt! und sie mir sagen werden: Wie ist sein Name?, was soll ich ihnen sagen? Gott sprach zu Mose: Ich bin, der ich bin. So sollst du zu den Israeliten sagen: ‹Ich bin› hat mich zu euch gesandt.»[78]

Dieses «Ich bin» kann man identisch mit dem «Welten-Ich» erleben:

> Es ist in dieser Sonnenstunde
> An dir, die weise Kunde zu erkennen:
> An Weltenschönheit hingegeben,
> In dir dich fühlend zu durchleben:
> Verlieren kann das Menschen-Ich
> Und finden sich im Welten-Ich.
>
> Der Welten Schönheitsglanz,
> Er zwinget mich aus Seelentiefen

Des Eigenlebens Götterkräfte
Zum Weltenfluge zu entbinden;
Mich selber zu verlassen,
Vertrauend nur mich suchend
In Weltenlicht und Weltenwärme.[79]

Das Feuer hochsommerlicher Stimmung bekommt jetzt seine eigentliche Erfüllung. Dieser Seelenaufschwung kann, wenn auch zunächst nur für Augenblicke, unsere gesamte Verfassung erhöhen und uns bereits eine Art Kommunion mit dem kosmischen Aspekt des Auferstandenen ahnen lassen. Gesteigert führt dieses Erlebnis dazu, dass man schrittweise zugleich Christus *vor sich, in sich* und *sich in ihm* findet. Dann finde ich mich in jeder Kreatur wieder und erkenne durch Raumesweiten und Zeitenfernen das, wonach sich Faust gesehnt: «was die Welt im Innersten zusammenhält». Jeder Mensch kann es heute, jeder auf seine Weise, mehr und mehr erfahren, denn das ist auch ein Aspekt der Erscheinung Christi. Johannes erlebte die alles durchwaltende Weisheit des auferstandenen Logos im Bilde des leuchtenden *Hauptes* und des zweischneidigen Schwertes: Wahrheit und Gericht zugleich. Die ganze Sphäre des strahlenden Lichtes, wie vom Sonnenherzen ausgehend, lebt auch im goldenen Gürtel um seine *Brust,*

und sein menschlich-kosmischer *Wille* kraftet in den
«Füßen, als wären sie von Golderz, das im Feuer geglüht ist».[80] Höhen, Weiten und Tiefen – Denken,
Fühlen und Wollen des Alls – sind in dieser urbild-
lich-wirklichen Menschengestalt vereinigt. Er ist der
vollendete, wahre «David» unserer Erdenevolution,
zu dem alle Menschen werden können, die es wollen;
denn er ist das Prinzip der Freiheit schlechthin. Er
kann sich wie eine Wolke verdichten und der durch-
geistigten Sinnesorganisation wahrnehmbar machen
– «Petrus» –, oder sich ganz im Lichte zeigen –
«Paulus» –, aber auch als kosmischer «Menschensohn» sich offenbaren – «Johannes» –: menschen-
nah und sternennah zugleich. Die Übergänge sind
fließend. In allen Formen wahren Christus-Erlebens
glimmt auch bereits das Feuer einer sich verwandeln-
den und verjüngenden Erde. Die Macht, die das alles
bewerkstelligen kann, wird durch die Augen, «als wären es Feuerflammen», sichtbar. Es sind die Flammen
kosmisch-menschlicher Liebe, die alles neu machen
können. Die Individualitäten von Petrus, Paulus und
Johannes in ihrer Wirksamkeit durch die Jahrhunderte – auch als Strömungen verstanden – sind undenk-
bar ohne das Mysterium der Liebe, das in ihnen stattgefunden hat und das zugleich ein Quell unendlicher
Weisheit ist im Hinblick auf das Leben der Menschen

in seiner ganzen Totalität. Und mit dieser Liebe steht und fällt das wahre Christentum als Menschheitsimpuls und das An-Erkennen des Christus als menschgewordenen Gott. Weil nur Gleiches Gleiches erkennen kann, wie es einmal Empedokles sagte, kann nur Liebe *diese* Liebe erkennen. Daher sagt Rudolf Steiner mit den Worten, die ich am Anfang dieser Arbeit als Motto gewählt habe: «Das Ereignis von Golgatha ist eine freie kosmische Tat, die der Welten-Liebe entstammt und nur durch Menschen-Liebe erfasst werden kann.» Somit ist «Christentum», jenseits aller organisierten Religionen, *Menschwerdung* schlechthin – denn wer besitzt diese Weisheit und diese Liebe schon? – und Ansporn in Richtung einer menschenwürdigen Zivilisation zugleich. Und wer sehnt sich nicht danach?

Insofern kann man schon sagen, dass dieses neue «Schauen», das sich in immer mehr Menschen manifestiert,[81] wenn auch zunächst als Ahnung oder als diffuse Suche nach Spiritualität, mehr und mehr eine echte «Tröstung» bedeuten kann. Somit sind die Worte Theodoras: «Nun seid getröstet in dem Schauen», gesehen aus der Perspektive einer neuen Christus-Nähe, auch an die Zeitgenossen unseres Jahrhunderts gerichtet.

«Nun seid erquickt durch mich» – Schritte zu Christus

Alle Suche setzt einen Willen, ein Ziel voraus, das an irgendeinem Punkt der eigenen Biografie, vielleicht während einer Sternstunde, uns plötzlich bewusst wird. Wir entdecken sogar, dass dieses bestimmte Ziel schon immer in uns gelebt und dass es unsere Schritte immer wieder gelenkt hat, wenn auch zumeist unerkannt. Eine Schicksalsführung wird sichtbar, gleichsam ein Situations- und Ereignismuster. Und weil wir nicht die einzigen Menschen auf Erden sind, entstehen dann die mannigfaltigsten Verflechtungen und Verkettungen, die das volle Leben mit sich bringt. Aber darüber hinaus gibt es auch eine universellmenschliche Sehnsucht an sich, die drei Seiten hat: die Welt zu erkennen, die Welt mitzugestalten und in der Welt in Frieden mit den anderen Menschen zusammenzuleben. Aber so wie es dem Fisch erst in seinem Element – dem Wasser – wirklich wohl ist, so auch dem Menschen. Und was ist sein Element? Geld, Macht? Ansehen, Erfolg? Gesundheit und anderes mehr? Ich möchte die These aufstellen, dass unser Lebenselement, tiefer gesehen, einfach die göttlich-geistige Welt ist, aus der wir stammen, die alles durchdringt und zu der wir – im Sinne Christi – uns und die restliche Schöpfung neu hinführen können. So ähnlich wie es der große Origenes bereits in den Zeiten des Urchristentums formuliert hat: als Apokatastasis, als Wiederherstellung, als Wiederbringung Aller. Heißt nicht Religion so viel wie: Wiederverbindung? Ich meine, dass die tiefere Suche unserer Gegenwart, betrachtet auch im Spiegel unserer Bestseller-Listen, die seit Jahren eine bestimmte Fantasy- oder spirituelle Literatur immer wieder an der Spitze anführen, eine weltweite Suche nach dem Geist in uns und im Kosmos ist. Spricht nicht die Tatsache, dass beispielsweise ein spirituell orientierter Autor wie Paulo Coelho bereits mehr als hundert Millionen seiner Werke in mehr als vierzig Sprachen abgesetzt hat, eine beredte Sprache? Insofern kann man fast behaupten, dass wir in einer eminent religiösen Zeit leben. Hängt das, gleichsam als Pendelschlag, mit dem gründlichen Materialismus unserer Kultur zusammen? Oder ist es so, weil sich die Stimme des «Menschensohnes» in jedem Menschen immer eindringlicher meldet? Wenn Goethes *Faust* die Geschichte eines modernen Menschen erzählt, mit all seinen Irrungen und Wirrungen, dann wundert es einen nicht, dass der leidgeprüfte Gelehrte einmal ausruft: «Wir sehnen uns nach Offenbarung.»[82] Oder dass er, in einem Augenblick schonungsloser Selbsterkenntnis, ausruft, damit die Worte eines Weisen wiederholend: «Die Geisterwelt ist nicht verschlossen;/ Dein Sinn ist zu, dein Herz ist tot!»[83]

Gelten diese Worte nicht auch für unsere Gegenwart? Natürlich kann man eine solche Stimmung in der Seele unterdrücken oder auch verdrängen: Der unbearbeitete Teil unseres «David» ist noch recht roh und ungeschliffen. Das charakterisiert auch einen Aspekt unserer Gegenwart mit ihren Aggressionen und Gewaltexzessen. Eigentlich sollte man die vorhin erwähnte dreifache Sehnsucht – die Welt zu erkennen, die Welt mitzugestalten und in der Welt in Frieden mit den anderen Menschen zusammenzuleben – dahingehend ergänzen, indem man sagt: Die wahre Sehnsucht ist, die Welt *und* sich selbst zu erkennen, die Welt und sich selbst zu gestalten und in der Welt in Frieden mit sich selbst und mit den anderen Menschen zusammenzuleben. Das ist schon schrittweise machbar; einmal, dass man den freien Entschluss fasst, den «Sinn» zu öffnen und das «Herz» neu zu beleben. Gewiss kann und soll jeder seinen eigenen Weg suchen und gehen. Das Anliegen dieses Kapitels ist jetzt, falls ein Entschluss vorliegt, den Christus zu suchen, einige Möglichkeiten der Findung aufzuzeigen, und zwar gemäß den drei bisher besprochenen und sich immer wieder gegenseitig ergänzenden Qualitäten der Empfindungsseele, Verstandes- und Gemütsseele und Bewusstseinsseele als Eigenschaften und Organe unseres einheitlichen Wesenskernes, unseres Ichs. Denn «Petrus», «Paulus» und «Johannes» ruhen in jedem Menschen.

Selbstverständlich kann der Christus uns finden, wann, wo und wie er will, aber es wird immer gemäß unserer dreifachen menschlichen Konstitution sein, die er selber vom Urbeginn «nach seinem Bilde» veranlagt hat.

Die Empfindungsseele, vereinfacht ausgedrückt und prinzipiell aufgefasst, hat dazu drei Möglichkeiten: durch die Natur hindurch, durch die Kunst hindurch und ebenso durch kultische Handlungen aus dem Geiste Christi heraus. Alle drei beanspruchen zuerst unsere Sinne, und in dem Maße, wie sich dadurch die Empfindungsseele läutert und vergeistigt, kann sie mehr und mehr einer Christus-Erfahrung teilhaftig werden: *Das Sinnes-Ich* wird gleichsam transparent. Es ist freilich immer ein Geschenk, eine Gnade, wenn solche Empfindungen und Erlebnisse in der Seele auftauchen, die von Mensch zu Mensch auch sehr unterschiedlich sein können, sowohl in der Konkretheit der Erfahrung als auch in der Rückwirkung auf unsere bisherige Existenz. Tiefe Erlebnisse durch Kunst und Kultus sind vielen Menschen zugänglich; weniger bekannt sind heute Christus-Erlebnisse in der Natur. Dabei hat es eine besondere Strömung des historischen Christentums gegeben, die ihre geistige Kraft nicht zuletzt aus dem in aller Natur wirkenden Christus empfing: die iro-schottische Mission. Diesen kraftvollen und mutigen Christusboten verdankt Europa eine besondere Form der Christianisierung, die zugleich hochspirituell und dogmenfrei war. Etwa nach dem vierten Jahrhundert, als das Christentum der Kirche das Urchristentum ablöste, entfaltete sich, vor allem in Irland, bis in das siebte Jahrhundert hinein eine Natur-Andacht und eine Natur-Schau, die heute, in der Zeit der «Wiederkunft» im Lebensbereich der Erde, eine Wiedergeburt aus dem Geiste der Bewusstseinsseele erfahren können. Diese Strömung, die im Keltentum und in seiner Natur-Spiritualität wurzelte, wurde dann in die allgemeine, römisch geprägte Kirche aufgenommen und verlor nach und nach ihren Sonnenglanz.

Die Frauen und Männer jener rauen Zeiten verehrten nicht nur den Gottvater im Ur-Sein des Kosmos, sondern auch seinen Sohn, den Christus, den sie sowohl im Sakrament von Brot und Wein erlebten als auch in den Kräften der Natur. «Rìgh nan Dùl»,

«Herr der Elemente», nannten sie den Christus, den sie in Licht, Erde, Wasser, Luft und Feuer erkannten. Von der heiligen Brigid aus Irland wird erzählt, wie sie in einem Wahrtraum nach Bethlehem kommt und den Jesusknaben für eine Nacht schützend in ihren Mantel hüllen und tragen durfte, den «König der Elemente». In einem altirischen Weihnachtslied lesen wir:

Heil der Weihnacht!
Lebensbrunnen kündet uns die Geburt des Christ,
Herr der Herren, Weltenheil!

Sohn des Aufgangs, Sohn der Wolken, Sohn der Sterne,
Der Elemente, Sohn der Fluten, Sohn des Taus,
Sohn der Welten, Himmelssohn!
Sohn des weiten Weltenraums, Sohn der Flamme,
Sohn des Lichts, Wohn der Sphären, der Planeten,
Sohn des Mondes, Sonnensohn.[84]

In Sonnenauf- und -untergängen, in allen Naturgeschehen, im großen Atem des Kosmos erlebten sie nicht nur eine allgemeine Weltseele oder einen Weltgeist, wie in heidnischen Zeiten üblich, sondern auch bereits den, den sie als Sonne auf ihren Hochkreuzen darstellten. Zu einem ähnlichen Erleben kann

heute jeder Willige gelangen. Besonders eindringlich
schildert Albert Steffen diese besondere Qualität des
Christus-Erlebens in der Natur in seinem Gedicht
Ostern:

Überall steigt Christus aus der Erde!
Siehe seine weisende Gebärde
in den Farben, Lüften, Wolken, Steinen
leuchtend, tönend, sprechend, liebend scheinen!

Wie der Stein ihn aus dem Grab gebärt,
wie die Wolke ihn gen Himmel fährt,
wie die Lüfte seine Worte sagen,
wie die Farben seine Blicke tragen!

Heb dich, Mensch, empor von deinem Fall!
Auf dem Regenbogen steig ins All,
Mondessichel fass und Sonnenscheibe!
Bau damit an deinem Sterbeleibe![85]

Ein feines, tiefes Empfinden und Mit-Empfinden
der Naturvorgänge im Rhythmus der Jahreszeiten,
gleichsam mit künstlerischem Sinn, ist die beste Vorbereitung, um zu dieser Ebene der Geist-Erfahrung
zu gelangen. Das Meditieren der Sprüche im *Seelen-
kalender* gibt dazu eine wesentliche Hilfe.[86] Eine

weitere, wirksame Übung im Sinne der Vergeistigung unserer Sinnesorganisation finden wir auch in einem grundlegenden Werk von Rudolf Steiner, das als geistiges Schulungsbuch konzipiert ist. Diese Übung, die ich in voller Länge zitieren möchte, hat in sich bereits alle Elemente eines «Petrus-Weges» in Bezug auf ein zeit- und christusgemäßes Naturerleben, wobei selbstverständlich auch die anderen Qualitäten mitschwingen:

«Die Vorbereitung besteht in einer ganz bestimmten Pflege des Gefühls- und Gedankenlebens. Durch diese Pflege werden Seelen- und Geistesleib mit höheren Sinneswerkzeugen und Tätigkeitsorganen begabt, wie die Naturkräfte den physischen Leib aus unbestimmter lebendiger Materie mit Organen ausgerüstet haben.

Der Anfang muss damit gemacht werden, die Aufmerksamkeit der Seele auf gewisse Vorgänge in der uns umgebenden Welt zu lenken. Solche Vorgänge sind das sprießende, wachsende und gedeihende Leben einerseits, und alle Erscheinungen, die mit Verblühen, Verwelken, Absterben zusammenhängen, anderseits. Überall, wohin der Mensch die Augen wendet, sind solche Vorgänge gleichzeitig vorhanden. Und überall rufen sie naturgemäß auch in dem Menschen Gefühle und Gedanken hervor. Aber nicht genug gibt sich, unter gewöhnlichen Verhältnissen, der Mensch diesen Gefühlen und Gedanken hin. Dazu eilt er viel zu rasch von einem Eindruck zum anderen. Es handelt sich darum, dass er intensiv die Aufmerksamkeit ganz bewusst auf diese Tatsachen lenke. Er muss, wo er Blühen und Gedeihen einer ganz bestimmten Art wahrnimmt, alles andere aus seiner Seele verbannen und sich kurze Zeit ganz allein *diesem einen* Eindrucke überlassen. Er wird sich bald überzeugen, dass ein Gefühl, das in einem solchen Falle durch seine Seele früher nur durchgehuscht ist, anschwillt, dass es eine kräftige und energische Form annimmt. Diese Gefühlsform muss er dann ruhig in sich nachklingen lassen. Er muss dabei ganz still in seinem Innern werden. Er muss sich abschließen von der übrigen Außenwelt und ganz allein dem folgen, was seine Seele zu der Tatsache des Blühens und Gedeihens sagt.

Dabei soll man nur ja nicht glauben, dass man weit kommt, wenn man seine *Sinne* etwa stumpf macht gegen die Welt. Erst schaue man so lebhaft, so genau, als es nur irgend möglich ist, die Dinge an. *Dann* erst gebe man sich dem in der Seele auflebenden Gefühle, dem aufsteigenden Gedanken hin. Worauf es ankommt, ist, dass man auf *beides,* im völligen inneren Gleichgewicht, die Aufmerksamkeit richte. Findet man die nötige Ruhe und gibt man sich dem hin, was in der Seele auflebt, dann wird man, nach entsprechender Zeit, das Folgende *erleben*. Man wird neue Arten von Gefühlen und Gedanken in seinem Innern aufsteigen sehen, die man vorher nicht gekannt hat. Je öfter man in einer solchen Weise die Aufmerksamkeit auf etwas Wachsendes, Blühendes und Gedeihendes und damit abwechselnd auf etwas Welkendes, Absterbendes lenkt, desto lebhafter werden diese Gefühle werden. Und aus den Gefühlen und Gedanken, die so entstehen, bauen sich die Hellseherorgane ebenso auf, wie sich durch Naturkräfte aus belebtem Stoffe Augen und Ohren des physischen Körpers aufbauen. Eine ganz bestimmte Gefühlsform knüpft sich an das Wachsen und Werden; eine andere ganz bestimmte an das Verwelken und Absterben. Aber nur dann, wenn die Pflege dieser Gefühle auf die beschriebene Art angestrebt wird. Es ist möglich, annähernd richtig zu beschreiben, wie diese Gefühle sind. Eine vollständige Vorstellung kann sich davon jeder selbst verschaffen, indem er diese inneren Erlebnisse durchmacht. Wer oft die Aufmerksamkeit auf den Vorgang des Werdens, des Gedeihens, des Blühens gelenkt hat, der wird etwas fühlen, was der Empfindung bei einem Sonnenaufgang *entfernt ähnlich* ist. Und aus dem Vorgang des Welkens, Absterbens wird sich ihm ein Erlebnis ergeben, das in ebensolcher Art mit

dem langsamen Aufsteigen des Mondes im Gesichts-
kreis zu vergleichen ist. Diese beiden Gefühle sind
zwei Kräfte, die bei gehöriger Pflege, bei immer lebhafter werdender Ausbildung zu den bedeutsamsten
geistigen Wirkungen führen. Wer sich immer wieder
und wieder planmäßig, mit Vorsatz, solchen Gefühlen überlässt, dem eröffnet sich eine neue Welt.»[87]
Steiner lässt hier zwar offen, ob als weiteres Ergebnis
dieser Übung der Christus auch gefunden wird. Diesen Gesamtkomplex thematisiert er hier nicht. Daher
ergibt sich die Frage: Wie erkenne ich, im gegebe-
nen Augenblick einer besonderen Natur-Erfahrung,
dass sie mich bereits in die allgegenwärtige Sphäre
des Christus aufnimmt? Dass ich nicht einer subti-
len Form selbstsüchtiger Natur-Schwärmerei verfalle
oder dass die erhabene Schau, die ich unter Umständen vor mir habe, keine Projektion meiner Wunschna-
tur ist? Dazu gibt es auch Wege. Einer davon besteht
in dem Lernen, *seine* besondere Sprache zu verstehen, den Ton seiner Gegenwart zu hören. Das kann
man durch ein vertieftes Lesen und Aufnehmen der
Evangelien üben. Weniger kommt es dabei auf den
reinen Gedankeninhalt der Worte Christi an als auf
die Seelengebärde, auf den Geistesklang, dem jede
Aussage gleichsam entstammt. Man verweile etwa bei
dieser Stelle, die den «Abschiedsreden» entnommen

ist, um das Licht, die Wärme, ja die Klangspur dieses Herzens zu empfinden – in ihrer Einmaligkeit und in ihrer Kraft:

«Wie mich der Vater geliebt hat, so habe ich euch geliebt. Lebet weiter in meiner Liebe. Nehmt ihr meine Weltenziele in euren Willen auf, so lebet ihr weiter in meiner Liebe; so wie ich die Weltenziele meines Vaters in meinen Willen aufgenommen habe und weiterlebe in seiner Liebe. Diese Worte habe ich zu euch gesprochen, auf dass meine Freude in euch lebe und eure Freude sich erfülle. Das ist der Auftrag, den ich euch gebe: Liebet euch untereinander so, wie ich euch geliebt habe. Eine größere Liebe kann niemand haben als die, sein Leben hinzugeben für seine Freunde. Ihr seid meine Freunde, wenn ihr dem Auftrag folgt, den ich euch gebe. Ich kann euch nicht mehr Knechte nennen, denn der Knecht weiß nicht, was sein Herr tut. Ich nenne euch Freunde, weil ich euch alles habe erkennen lassen, was mir durch meinen Vater kundgeworden ist. Ihr habt nicht mich auserwählt, sondern ich habe euch auserwählt. Ich habe euch die Kraft gegeben, wenn ihr die Erde verlasst, eure Lebensfrüchte durchzutragen und ihnen Dauer zu verleihen, auf dass der Vater euch gebe, was ihr in meinem Namen erbittet. Dies ist das Ziel, das ich euch gebe, dass ihr euch untereinander liebet.»[88]

146

Gerade die Abschiedsreden vor dem Opfergang von Golgatha tragen in sich eine besondere, individuelle Signatur. Es ist ein inspirativer Wortstrom, der, innerlich durchlebt, uns helfen kann, ihn auch «auf Erden» zu finden. Das ist das «Erquickende», wovon Theodora in ihrer Verkündigung spricht: ein Wortstrom des Lebens, so wie es Petrus einmal erkannte und auch aussprach, als «viele von seinen Jüngern» sich voll Unverständnis von ihm zurückzogen und Christus sich an die Zwölf wandte: «Wollt ihr mich auch verlassen? Und Simon Petrus antwortete ihm: Herr, zu wem sollten wir denn gehen? Du hast Worte voll unvergänglichen Lebens. Wir haben mit dem Herzen wahrgenommen und mit dem Denken erkannt, dass du der Heilige Gottes bist.»[89] Es ist *dieses Leben,* das jene Freude im Grunde der Seele erwecken kann, wovon Christus spricht. Erquicken heißt ja so viel wie erfrischen, lebendig machen, wieder beleben. Es handelt sich um eine Qualität, die auch ein Gespräch annehmen kann, wenn es in der Stimmung der selbstlosen Aufmerksamkeit und der Empathie geführt wird. Dann kann sich jenes «Erquickliche» einstellen, wie es Goethe in seinem «Märchen» den goldenen König der grünen Schlange sagen lässt: «‹Wo kommst du her?› – ‹aus den Klüften› versetzte die Schlange, ‹in denen das Gold wohnt›.

‹Was ist herrlicher als Gold?› fragte der König. ‹Das Licht› antwortete die Schlange. ‹Was ist erquicklicher als Licht?› fragte jener. ‹Das Gespräch› antwortete diese.»

Dieses Mit-dem-Herzen-Wahrnehmen und Mit-dem-Denken-Erkennen führt uns bereits in die Möglichkeiten der spiritualisierten Verstandes- und Gemütsseele ein, deren Entwicklung bereits in Paulus jene hohe Stufe der Vollkommenheit erreicht hatte, die es ihm ermöglichte, als «Frühgeburt» mehr und mehr erkennend in die Lebenssphäre Christi aufgenommen zu werden. Es wurde schon dargelegt, dass sich hier der Inspirationsquell seiner Verkündigung befindet und auch ein Aspekt der Ich-Erfahrung, wie sie die Bewusstseinsseele noch intensiver ermöglichen wird.

Verstand kann man nur durch Betätigung des Denkens weiterentwickeln und Gemüt durch entsprechende Gefühlsvertiefung. Also kann neben den Evangelien eine Arbeit an den Paulus-Briefen sehr weit führen. Besonders erhellend sind Rudolf Steiners Vorträge über christologische Zusammenhänge und entsprechende Anregungen zur Meditation. Das ist ein paulinischer Weg der Erkenntnis, der selbstverständlich den petrinischen Weg integriert und in den spezifisch johanneischen bereits einleitet.[90] Er

lebt vornehmlich im Bereich des Wortes. Hier können auch Werke der Philosophie und der Dichtkunst
eine besondere Brücke zum Logos bauen. Wie ein
Ur-Gedicht, das zugleich eine wirksame Meditation
darstellt, erscheint der Prolog des Johannesevangeliums. Die Feierlichkeit dieser Anfangsworte spiegelt
etwas von der Erhabenheit und Vollmacht wider, die
wir im Christus der Apokalypse erleben können. Immer wieder in Seelenstille durchdacht und empfunden, bewirken sie auch eine «Erquickung» unseres
Wesenskernes:

Im Urbeginne war das Wort,
und das Wort war bei Gott,
und ein göttliches Wesen war das Wort.
Dieses war im Urbeginne bei Gott.
Durch es sind alle Dinge geworden,
und nichts von allem Entstandenen ist anders als
   durch das Wort geworden.
In ihm war das Leben,
und das Leben war das Licht der Menschen.
Und das Licht scheint in der Finsternis;
aber die Finsternis hat es nicht aufgenommen.
Es kam ein Mensch,
von Gott war er gesandt,
sein Name war Johannes.

Er kam, um Zeugnis abzulegen.
Er sollte von dem Lichte zeugen
und so in allen Herzen den Glauben erwecken.
Er war nicht selbst das Licht,
er sollte ein Zeuge des Lichtes sein.
Das wahre Licht, das alle Menschen erleuchtet,
sollte in die Welt kommen.
Es war in der Welt,
denn die Welt ist durch es geworden,
aber die Welt hat es nicht erkannt.
Zu den Ich-Menschen kam es,
aber die Ich-Menschen nahmen es nicht auf.
Allen aber, die es aufnahmen,
gab es die freie Kraft, Gotteskinder zu werden.
Das sind die, die vertrauensvoll seine Kraft in sich
    aufnehmen.
Sie empfangen ihr Leben nicht aus dem Blute,
auch nicht aus dem Willen des Fleisches
und nicht aus menschlichem Willen;
denn sie sind aus Gott geboren.
Und das Wort ist Fleisch geworden
und hat unter uns gewohnt.
Und wir haben seine Offenbarung geschaut,
die Offenbarung des eingeborenen Sohnes des Vaters,
erfüllt von Hingabe und Wahrheit.
Johannes legt Zeugnis für ihn ab

und verkündet laut:

Dieser ist, von dem ich sagte:

Nach mir kommt, der vor mir war,

denn er ist größer als ich.

Aus seiner Fülle haben wir alle empfangen Gnade
über Gnade.

Das Gesetz ist durch Moses gegeben.

Die Gnade und die Wahrheit sind durch Jesus
Christus entstanden.

Den göttlichen Weltengrund hat nie ein Mensch mit
Augen geschaut.

Der eingeborene Sohn, der im Schoß des Weltenvaters
war, er ist der Führer zu diesem Schauen geworden.[91]

Der Erkenntnis-Strom, der im paulinischen Sinne
durch die Christus-Kraft in jedem Menschen erweckt
werden kann, ermöglicht ein Durchbrechen der
Grenzen gewöhnlicher Denktätigkeit: Das *Denk-Ich*
erfährt eine weitere Steigerung. Aus dieser Erfahrung
heraus wird Paulus schreiben: «Der Geist durchdringt alles mit seiner Erkenntnis, auch die Tiefen
der Gottheit. Welcher Mensch vermöchte das Wesen
des Menschen zu erkennen, wenn nicht der Geist des
Menschen in ihm wäre? So auch kann das Wesen der
Gottheit nur durch den Geist Gottes selbst erkannt
werden.»[92]

In diesem Sinne und im Zusammenhang mit den Auswirkungen der «Wiederkunft» Christi in unserer Zeit, als Belebung tieferer Erkenntniskräfte, konnte Steiner schreiben: «Und so sonderbar es erscheinen mag: Künftig werden Chemiker und Physiker kommen, welche Chemie und Physik nicht so lehren, wie man sie heute lehrt ..., sondern welche lehren werden: ‹Die Materie ist aufgebaut in dem Sinne, wie der Christus sie nach und nach angeordnet hat.› Man wird den Christus bis in die Gesetze der Chemie und Physik hinein finden. Eine spirituelle Chemie, eine spirituelle Physik ist das, was in der Zukunft kommen wird. Heute erscheint das ganz gewiss vielen Leuten als eine Träumerei oder Schlimmeres. Aber was oft die Vernunft der kommenden Zeiten ist, das ist für die vorhergehenden eine Torheit. Die Faktoren, welche in diesem Sinne in die menschliche Kulturentwicklung eingreifen, sind schon jetzt für den genauer Zusehenden zu bemerken.»[93]

Und damit greifen wir schon in die Belange der Bewusstseinsseelen-Kultur ein, wie sie hier bereits umrissen wurde. Denn freilich sind bei jedem Erkenntnisakt, ob durch die Sinne zuerst veranlasst oder im reinen Denkbereich beheimatet, immer alle Seelenkräfte mit einbezogen, nur jeweils anders akzentuiert. Das Ich gibt dem Ganzen das einheitliche Gepräge. Insofern wir vom Sinnes-Ich, Denk-Ich und Willens-Ich sprechen, müssen wir ja immer bedenken, dass selbstverständlich in jedem Seelenbereich, ob mehr denkend, fühlend oder wollend nuanciert, immer alle drei Ich-Qualitäten unterschiedlich intensiv am Werke sind. Nicht zuletzt in der Bewusstseinsseele, die hier besonders in ihrer Willenskomponente betrachtet wird. Vereinfacht ausgedrückt kann man sagen, dass, wenn der Ich-Wille im Denken besonders aktiv wird, das Denken die geistige Erkenntnisebene der Imagination erreichen kann: durch die belebenden Kräfte des Christus im Menschen. Es ist bemerkenswert, dass Steiner einmal ausführte, dass sich beim spirituell entwickelten Menschen die Bewusstseinsseele in die Imaginationsseele verwandelt, die Verstandes- und Gemütsseele in die Inspirationsseele und die Empfindungsseele in die Intuitionsseele.[94] Im Kapitel über Petrus wurde auf seine *leiblich*-geistige Intuition in Bezug auf seine Erfahrung des Auferstandenen hingewiesen und bei Paulus auf seine Inspirationen.

Die Bewusstseinsseele nun, wie sie sich zunächst bei Lazarus-Johannes entwickelt hat, ermöglichte nicht nur seine apokalyptische Schau des kosmischen Menschen, sondern auch eine besondere Intuitionsfähigkeit, die man, in Ergänzung zur petrinischen, eine *geistig*-leibliche nennen kann. Im Sinne des spiri-

tuell-materiellen Realismus, wie ihn der anthroposo-
phische Schulungsweg ermöglicht, dass «*alle* Wirklichkeit, die niedere und die höher geistige, nur zwei
Seiten einer und derselben Grundwesenheit sind»,[95]
erscheinen das petrinische und das johanneische Element gleichsam als zwei sich ergänzende Pole der
Christus-Erfahrung, welche sich in der paulinischen
«Mitte» begegnen und gegenseitig bereichern. Soweit nun die Bewusstseinsseele die Ich-Seele zugleich
ist, ist ihr Schauvermögen eng mit der Entwicklung
des Ich verbunden. Das Johannesevangelium bietet
einen einmaligen Zugang zu Tiefen der Ich-Entwicklung, die es dem Meditanten ermöglichen, mehr und
mehr zum Kern der Imagination des apokalyptischen
«Menschensohns» gleichsam vorzustoßen, das heißt
die eigene kosmische Dimension schrittweise als
persönlich-überpersönliche Erfahrung durch Christus aufzubauen. Dieser Weg zum «neuen Adam» in
uns kann auch anhand von bestimmten Stellen des
Johannesevangeliums gegangen werden. Es handelt
sich um Szenen, in welchen der Logos-Christus in der
Ich-Form spricht. Diese «Ich-bin-Worte» offenbaren
unter anderem eine Art kosmischer Menschenkunde,
erkennbar durch eine gesteigerte Willenstätigkeit im
Denken, wie sie der Bewusstseinsseele eigen ist. Ganz
im Sinne der Worte Fichtes, dass die höchsten Wahr-

heiten nicht empfangen, sondern von uns erschaffen werden. Darüber hinaus stellen diese Worte Christi eine Tonskala des vollendeten Menschensohnes dar.[96] Ihre Kraft wirkt auf verschiedenen Ebenen. Das *Willens-Ich* kann jetzt seine volle Potenz entfalten.

Es ist jetzt von zentraler Bedeutung, bei jeder Stufe zu bedenken, dass das Christus-Ich das wahre, höhere Wesen aller Menschen ist und dass wir im stillen Wiederholen der Augenblicke, wo er «Ich bin» sagt, auch unser höheres Wesen anwesend wissen. Es wird einem dann so, wie wenn man diese Worte gewissermaßen «anziehen» würde.

Am besten liest man zuerst diese Worte in dem Zusammenhang, in dem sie gesprochen werden, und dann konzentriert man seine Aufmerksamkeit auf die jeweilige Kernaussage. Sie beginnen mit: «*Ich bin das Brot des Lebens.* Den, der zu mir kommt, wird nicht mehr hungern, und wer sein Vertrauen in mich setzt, den wird nicht mehr dürsten.»[97] Hier wird man gleich an die Versuchungsszene erinnert, wie sie Matthäus berichtet, und an die Worte Christi: «Der Mensch lebt nicht vom Brot allein. Er lebt von jedem Worte, das aus dem Munde Gottes kommt.»[98] Aber dieses Wort, dieser Logos ist der Christus selber, der aus den unoffenbaren Welten des göttlichen Vaters die Welt erschaffen hat. Dieses «Brot» dient also nicht nur als Erbauung im übertragenen Sinn, sondern es ist die Bausubstanz des Lebens selber. Die «Substanz» des Aristoteles, der eigentliche *Grund* der Welt, in seiner Kraft und seinem Aufbau*willen* kann hier, im Herzen, «leibhaftig» erlebt werden. Der physische Leib wird hier erlebt und erfasst, und zwar als Kraftgefüge. Man ahnt das «Golderz, das im Feuer geglüht ist», aus der Vision des Apokalyptikers. Aber in das kosmische Licht, das alle Wesen durchzieht und belebt und in die weiten des Kosmos aufnimmt, tauchen wir erst im zweiten Spruch ein: «Und Jesus begann von Neuem, zu ihnen zu sprechen: *Ich bin das Licht der Welt.* Wer mir nachfolgt, wird nicht im Finstern wandeln, sondern das Licht haben, in welchem das Leben ist.»[99] Es ist hier das gleiche Licht der Verklärung auf dem Berge Tabor, das von sich selber spricht: «Und nach sechs Tagen nahm Jesus Petrus und Jakobus und Johannes, seinen Bruder, und führte sie im vertrauten Kreise empor auf einen hohen Berg. Und er verwandelte sich vor ihnen. Sein Antlitz erstrahlte wie die Sonne, und seine Gewänder wurden weißleuchtend wie das Licht selbst.»[100] Das Licht der Welt ist aber die Sonne, die unermessliche Weiten und Räume umfasst. Es ist Leben und schenkt Leben. Unsichtbar selber, lässt das Licht alles sehen: die fernsten Berge und die Meere vor uns. Selbstlos wie alle Gottheit leuchtet es auch im Innern: im Gedankenlicht, in Gemütshelligkeit durchwandern wir die Welt in und um uns. Die Sonne regelt das physisch-organische Leben, wie am Beispiel der Fotosynthese, und kann als innere Sonne unsere Seele, unseren Geist erleuchten. Diese Meditation, recht vollzogen, weitet die Seele: Das Sonnenleuchten des Menschensohnes im Kosmos wird langsam zum Erlebnis. Die anthroposophisch orientierte Geisteswissenschaft spricht hier von der erfahrbaren Wirklichkeit des Ätherischen, so wie es auch allen unseren Lebensfunktionen zugrunde liegt. Es ist auch die Damaskus-Sphäre des Paulus, die hier bereits aufleuchtet.

Die dritte Meditation hat einen stärkeren Bezug zur Dimension des Rein-Seelischen als die zweite. Sie betrifft die Fähigkeit der Seele, sich den Reichen der Natur, den Mitmenschen und dem Göttlichen zu öffnen. Sie wendet sich, menschlich gesehen, an die egoistische Komponente unserer Seele, die sich oft vor der Welt verschließt und dadurch verhärtet: Wir sind dann «zu». Diese Meditation führe ich zusammen mit der vierten an, denn die eine führt unmittelbar in die andere hinein:

«Ja, ich sage euch: Wer nicht durch die Türe zu den Schafen hineingeht, sondern anderswo in den Stall eindringt, ist ein Dieb und ein Mörder. Derjenige, der durch die Türe eintritt, ist ein Hirte der Schafe. Ihm tut der Türhüter auf, und die Schafe hören auf seine Stimme, und er ruft sie alle einzeln beim Namen und führt sie hinaus. Und hat er sie so hinausgeführt, so geht er vor ihnen her, und die Schafe folgen ihm nach, denn sie kennen seine Stimme. Einem Fremden folgen sie nicht; vor ihm fliehen sie, denn sie kennen die fremde Stimme nicht. Dieses Bildwort sprach Jesus zu ihnen, aber sie verstanden nicht, was er zu ihnen sprach.

Und Jesus fuhr fort: Ja, ich sage euch: Ich Bin die Türe zu den Schafen. Alle, die vor mir gekommen sind, sind Diebe und Mörder. Aber die Schafe hörten nicht auf sie. *Ich Bin die Türe.* Wer durch mich den Zugang findet, dem wird das Heil zuteil. Er lernt die Schwelle zu überschreiten von hier nach dort und von dort nach hier, und er wird Nahrung finden für seine Seele, wie die Schafe Nahrung finden auf der Weide. Der Dieb kommt nur, um zu raffen und zu töten und zu vernichten. Ich jedoch, ich bin gekommen, damit sie Leben und überströmende Fülle haben.

Ich Bin der gute Hirte. Der gute Hirte gibt sein Leben hin für die Schafe. Der Mietling, der kein wahrer Hirte ist und der um die Schafe nicht besorgt ist, lässt, wenn er den Wolf kommen sieht, die Schafe im Stich und entflieht; und der Wolf zerreißt und zerstreut sie.

Ein Mietling ist er, er sorgt sich um die Schafe nicht. Ich Bin der gute Hirte, und ich erkenne, wer zu mir gehört; und die zu mir gehören, erkennen mich, wie mich der Vater erkennt und ich den Vater erkenne. Ich gebe mein Leben hin für die Schafe. Und ich habe noch andere Schafe, die nicht aus dieser Herde sind. Auch sie muss ich führen, und sie werden auf meine Stimme hören, und dann wird eine einzige Herde sein und ein Hirte. Darum liebt mich der Vater, weil ich mein Leben hingebe, auf dass ich es neu empfange. Niemand kann mir mein Leben rauben; ich selber gebe es frei dahin. Ich habe Vollmacht, es hinzugeben, und auch die Vollmacht, es neu zu empfangen. Dies ist der Auftrag, den mir mein Vater gegeben hat.»[101]

Das Bild des Schafes oder des Lammes bedeutet im Munde Christi etwas Besonderes. Johannes der Täufer nennt ihn, wie er ihn am Jordan erblickt, «Gottes Lamm, das der Welt Sünde auf sich nimmt»,[102] und in der Apokalypse finden wir immer wieder Hinweise auf das Lamm als Sinnbild Christi, bis hin zu einer gewaltigen Schlussversion, in der das Lamm als Licht und Leuchte «der Gottesoffenbarung» erscheint, dem das «Buch des Lebens» gehört.[103] Es ist das Wesen der allwaltenden Liebe, das in diesem Bild ausgedrückt werden soll, und des Opfers, als Selbsthingabe aufgefasst. Diese «Schafe» – Menschen aller Himmelsrichtungen, in denen die Liebe bereits waltet – gehen durch die «Tür», eine Tür, die zugleich die Schwelle zu «Leben und überströmender Fülle» bedeutet. Als Mensch kann ich auch zur Tür werden: mich in Liebe aller Kreatur öffnen. Christus vollzieht es in mir. Und der Hirte ruft mich «beim Namen»; er kennt also mein individuelles Wesen, mein Ich. Welten-Ich ruft Menschen-Ich: welche Erhöhung und Steigerung! Und dadurch wird mein Ich selber zum Hirten, zum liebenden, schützenden und pflegenden Herrn aller Kreatur, indem Christus in ihm waltet. Es ist eine Schwellenerfahrung, die ich hier haben kann, denn durch das «Nadelöhr» dieser Tür komme ich nur, wenn ich meinen Egoismus nach und nach ablege. Dann aber eröffnet sich mir mehr und mehr die Welt der geistigen Fülle und des todlosen Lebens. Das ist die Welt des «Ewigen», das im «Geistselbst» wirkt, so wie es bereits geschildert wurde. Das ist der Ort, wo es möglich ist, dass Christus zu uns sagt: «Darum liebt mich der Vater weil ich mein Leben hingebe, auf dass ich es neu empfange ... Ich habe Vollmacht, es hinzugeben, und auch die Vollmacht, es neu zu empfangen.» Ähnlich spricht auch der Menschensohn der Apokalypse. Hier wird die Meditation innerlicher und auch insofern stiller, da sich der Mensch zunächst noch weltenfern von dieser

Perspektive empfindet. Und doch ist es nur eine Frage der Zeit, dass diese Schwelle überschritten wird. Das Johannesevangelium schreitet jedoch weiter, und die nächsten drei Meditationen betreffen weitere höhere Wesensglieder des Menschen, die der Diktion Rudolf Steiners nach Geistselbst, Lebensgeist und Geistesmensch genannt werden.[104] Das Wort vom Geistselbst wird vom Christus kurz vor der Auferweckung des Lazarus ausgesprochen: *«Ich bin die Auferstehung und das Leben.* Wer sich glaubend mit meiner Kraft erfüllt, wird leben, auch wenn er stirbt; und wer mich als sein Leben in sich aufnimmt, ist von der Macht des Todes befreit im ganzen irdischen Zeitenkreis. Fühlest du die Wahrheit dieser Worte? Und sie sprach: Ja, Herr. Ich habe mit meinem Herzen erkannt, dass du der Christus bist, der Sohn Gottes, der in die Erdenwelt kommt.»[105] Wenn es dem Meditanten gelingt, wie Martha zu fühlen und zu erkennen, dann kann er auch die Stimme des Menschensohnes hören, wie es auch der Apokalyptiker angesichts der Kraft und Lichtesfülle seiner Vision zu tun vermochte: «Ich war tot, dennoch trage ich das Leben der Welt durch alle Äonen. Mein ist der Schlüssel zum Reiche des Todes und der Schatten.»[106] Mögen die Gefühle und die Erkenntnisse, die sich beim Meditieren einstellen, zunächst nur sehr leise sein. Sie werden aber wachsen.

Die sechste Meditation führt uns nun in den Bereich der Abschiedsworte hinein. Die Würfel sind bereits gefallen. Er wird zum «Vater» gehen, damit auf den Tod hinweisend. Und hier sagt er: *«Ich bin der Weg und die Wahrheit und das Leben.»*[107]

Wenn der Logos vom Urbeginn, dem alles Entstandene sein Dasein, alles Leben das Leben und alles Seelische das Bewusstseinslicht verdankt, ein solches Wort ausspricht, dann ist er der «Weg» der Evolution, gleichsam die Weltgeschichte in ihrer Urgestalt. Denn «Leben» ist auch Entwicklung, Veränderung, Metamorphose im Sturm der Zeit. Andererseits gehören Christus auch die Wahrheit, das heißt der Sinn der Evolution, und ein erhöhtes Leben – ein Leben, das durch den Tod gegangen ist. Das Ätherische aller Kreatur, die Quelle des Lebens, wird im Auferstandenen zum «Lebensgeist» verwandelt. Es sind immer stärkere Ahnungen künftiger Daseinsformen, die dem Meditanten bewusst werden. Insbesondere beim letzten Ich-bin-Wort ist das der Fall, indem auf verborgene Art auf den zukünftigen «Geistesmenschen» hingewiesen wird, denn Weinstock und Reben bestehen aus derselben Substanz. Das Physische des Menschen wird dann ganz in Christus verwandelt sein.

«Ich bin der Weinstock, ihr seid die Reben. Wer mit seinem Wesen wohnt in meinem Wesen und mein

Wesen in sich wohnen lässt, wird reiche Früchte tragen ... Wie mich der Vater geliebt hat, so habe ich euch geliebt. Lebet weiter in meiner Liebe. Nehmt ihr meine Weltenziele in euren Willen auf, so lebet weiter in meiner Liebe; so wie ich die Weltenziele meines Vaters in meinen Willen aufgenommen habe und weiterlebe in seiner Liebe.»[108] Hier vollendet sich ein Weltenzyklus. Wird hier der Mensch jenes Stadium der Weltentwicklung erreicht haben, das bereits in den Worten Christi anklingt: «Ich habe gesprochen: Ihr seid Götter»?[109] Wird der Mensch, wenn er den «Menschensohn» in sich vollendet haben wird, zu neuen, höheren Stufen des Lebens und Schaffens gelangen? Wenn sein Blut das Blut Christi sein wird und sein Wille Gotteswille: welche Früchte wird er zeitigen? «Brot» und «Wein» umrahmen somit die Werdestufen des Menschensohnes als Ergebnis freiester Willenstätigkeit. Der Meditant übt sich gleichsam in diesen Werdestrom hinein, dessen Wellen besonders in der heutigen Zeit hochschlagen, da mit der Entwicklung der Bewusstseinsseele – wie es von Pico della Mirandola bereits erlebt wurde – der Mensch zum Selbstgestalter seines Schicksals aufgerufen ist. Das Willens-Ich, wie es aus der Kraft eines frei gewordenen Denkens impulsiert werden kann, ist der Bildhauer des neuen Menschen im Menschen, dessen Gestaltungskraft nur im kosmisch-menschlichen Christus gefunden werden kann, wie individuell auch der Zugang zu ihm sein mag. So gesehen hat unsere Gegenwart für jeden von uns apokalyptischen Charakter, nicht zuletzt durch die Prüfungen, die dem Nahen des «Menschensohnes» vorausgehen.[110] Die hier geschilderten Übungen können uns in jeder Lebenslage, in der wir uns befinden mögen, mit Einsichten und Kräften gleichsam ausrüsten, um «Goliath» gewachsen zu sein.

Seelenprüfungen der Gegenwart –
Die Verjüngung der Menschheit

Oft wird der Herbst als Metapher für das Altern und Welken des Menschen verwendet, und doch, wenn man nur auf das Hinwelken der Natur starrt oder auf das Dunklerwerden der Tage, versäumt man gerade das Wesentliche dieser Jahreszeit. Diese etwas herbe Jahreszeit, die noch Züge des Spätsommers am Anfang haben kann, aber auch allzu oft bereits die Winterkälte hereinlässt, wird immer von kräftigen Winden und Stürmen begleitet. Unbrauchbares Blattwerk und anderes fällt ab – damit im nächsten Frühling frisches Laub neu wachsen kann. Allgemein gesehen kann man sagen, dass ein Zyklus des Keimens und Reifens zu Ende geht: Das Saatgut ruht unter der Erde. Auf den Menschen bezogen kann man zuerst sagen, dass im Herbst des Lebens ein reicher Ertrag an Erfahrung und Weisheit sichtbar wird, der, wenn man den Gedanken der Reinkarnation gelten lässt, weitere Früchte für ein künftiges Leben zeitigen kann. Aber das ist nicht das, was die unbarmherzigen Winde und Wetter dem Menschen sagen wollen. Sie sind ja die Helfer, dass Platz für Neues geschaffen wird. Die

Wärme – die Fülle des Sommers, in der wir so gerne aufgegangen sind, verschwindet. Die Natur entlässt uns gleichsam. Sie beflügelt uns nicht mehr wie im Frühling und im Sommer, indem sie uns zu vielerlei Unternehmungen und Entdeckungen animiert. Viele Menschen werden auch dadurch Opfer von Herbstdepressionen, denn im Herbst hat eigentlich nur der Flügel, der den Mut aufbringt, ganz aus sich selbst heraus, Neues zu suchen und zu beginnen. Insofern ähnelt diese Situation, mehr oder weniger, der Lage der Menschheit im Zeitalter der Bewusstseinsseele, der selbstaktiven Ich-Seele. Die Empfindungsseele mit ihrer reichen Fülle an Gefühlen für alles Neue und Schöne erinnert an die Jugend, so wie die Verstandes- und Gemütsseele mit ihrer Rationalität und Verinnerlichung an die daran anschließende Lebensphase. Die sogenannte Krise der Lebensmitte mahnt an die Bewusstseinsseele, weil sich die Bewusstseinsseele in ihrer Tiefe nur verwirklichen kann, wenn ich selber sozusagen Hand anlege. Und sie ist in der heutigen Zeit aufgerufen, die anderen Ich-Qualitäten nach und nach zu durchdringen.

Entwicklungsgeschichtlich gesehen kann man es so formulieren, dass die beiden anderen Qualitäten der Seele einfach Geschenke der göttlich-geistigen Welten gewesen sind, bis hin zu einer zulänglichen

Anlage der Bewusstseinsseele, auch als Freiheits-Seele verstanden. Denn frei kann ich nur selber aus mir heraus werden. Also müssen dann «Winde und Stürme» die Seelenvoraussetzungen schaffen, dass ich mich selbstständig weiterentwickeln kann. Diese Turbulenzen bewirken jene Gemütszustände, die gemeinhin als «Krisen» bezeichnet werden. Bezogen auf die bisher behandelten Eigenschaften der Seele als Ich-Träger können diese Krisen wie folgt aussehen, wobei die jeweilige ethnische und persönliche Konstitution dem Ganzen, das hier mehr im Allgemeinen geschildert wird, das besondere Gepräge gibt. Auch hier kann es sich nur um Anregungen zum Weiter-denken und -forschen handeln. Zuerst stellt es sich heraus, dass die Empfindungsseele als solche immer weniger zur Ich-Stütze reicht. Der Impuls des Christus, der sowohl im Menschen wie im gesamten Kosmos die Impulsierung aller Evolution schlechthin ist, schafft in den Seelentiefen einen Freiraum, in dem sich der künftige «Menschensohn», oder der «David», mehr und mehr manifestieren kann. Aber dafür muss altes «Blattwerk» schlichtweg abfallen. Psychologisch gedeutet heißt das für die Empfindungs-seele und die Verstandes- und Gemütsseele *zunächst,* dass sie aufhören, nach und nach, so wie sie geworden sind, die einzigen Bezugspunkte unserer Identität zu sein. Bis sie neue Lymphe, neues Leben aus unserem Geistselbst durch die Bewusstseinsseele schöpfen kann. Das *Sinnes-Ich* ist also zunächst gewissermaßen im Sturz begriffen und kann sich an die Vitalität und Jugend, wie sie sich im Körper offenbaren, mehr oder weniger festklammern oder versuchen, ungeachtet der Lebensuhr, ihren Schein so lang wie möglich zu behalten. Das kann unterschiedlich nach Alter und Veranlagung aussehen. Ferner sind Exzesse in der Sexualität, Alkohol und weitere Rauschdrogen oft Ersatz für den Verlust echter Sinneserlebnisse. Der als Folge in der Regel auftretende Ich-Mangel wird dann durch eine mehr oder weniger salonfähige Brutalität kompensiert. Lautstärke in den Ohren will die Taubheit der Seele verdrängen und Institute für Schönheitschirurgie wachsen wie Pilze aus dem Boden. Anderswo werden Menschen ausschließlich nach ihren äußeren Rassenmerkmalen im Sinne einer Wertskala beurteilt mit dem Zweck, die eigene Zugehörigkeit als die menschlichere zu empfinden. Es ist dann das «Ego» der dunkle Begleiter aller Ich-Entwicklung, das auch in der Empfindungsseele manifest wird. Seit dem Beginn der Neuzeit hat sich diese Entwicklung bereits angebahnt, aber die entsprechenden Symptome und Ausbrüche nehmen von Jahr zu Jahr weltweit zu. Oft bringen persönliche Tragödien und Krankheiten uns dazu, unsere Lebenswerte neu zu sichten und zu ordnen, gleich wie unser biologisches Alter sein mag. Alles in allem kann man hier von einer körperlich gebundenen *Selbstwert-Krise* sprechen, die in unendlichen Schattierungen bereits Millionen Menschen erreicht hat.

Anders akzentuiert ist jetzt die Krise der Verstandes- und Gemütsseele, die als *Erkenntnis-Krise* bezeichnet werden kann. Unsere Religion, unser Glaube sowie unsere Überzeugungen und Erkenntnisse sind nicht ausschließlich im Gefühl verankert, sondern erhalten ihre Klarheit und Festigkeit durch unsere Denktätigkeit. Geboren in einem bestimmten Land und in einer bestimmten Familie, haben wir alle, mehr oder weniger, eine weltanschauliche und religiöse Erziehung erhalten. Moralische und soziale Werte wurden uns vermittelt. Die Schulen, die wir besucht haben, konnten uns in die unterschiedlichen geschichtlichen, kulturellen und weltanschaulichen Richtungen einführen. Alles das, unterschiedlich bedingt, kann mehr und mehr brüchig und dünn werden, wie ein sterbendes Blatt im Herbst, um beim Bild zu bleiben. Wir werden unsicher: im Glauben, über Lebenswerte, über Moral und über politische und sonstige Theorien, denen wir bisher einfach ergeben waren: Das *Denk-Ich* gerät ins Wanken. Desorientierung und Fundamentalismus jeglicher Couleur können die Folgen dieses Werteverlustes sein, der eigentlich *die* Chance ist, eigene, aus individueller Intuition erzeugte Erkenntnisse und Überzeugungen an die Stelle zu setzen. Nicht um bewährte Werte abzuschaffen handelt es sich, sondern um sie auch mit neuem Licht und neuer Wärme zu durchdringen, so wie Faust einmal ausruft: «Was du ererbt von deinen Vätern hast,/ Erwirb es, um es zu besitzen!»[111] Das ist freilich oft durch Enttäuschungen, Fehler und Schmerzen zu erreichen. Paulus kannte gut diese Dynamik des «Stirb und Werde» aus eigener, wiederholter Erfahrung. Wie in einem Vorblick auf unsere Zeit schrieb er einmal, sich wohl auf das Licht des Auferstandenen beziehend: «Ich meine, dass alle Schwierigkeiten und Leiden des gegenwärtigen Zeitalters belanglos sind gegenüber der Lichtgewalt der Geisteswelt, die sich uns offenbaren will.»[112] Ja, und dieser Wille rechnet mit dem *Willens-Ich* des Einzelnen. Damit sind wir mitten in den Geburtswehen der Bewusstseinsseele, die zunächst eine Art *Willenskrise* bewirken. Tiefer gesehen ist unser Ich als impulsgebendes Moment unseres Lebens reinste Willenskraft: Es ist das Erbe schöpferischer Gottesmacht, die durch den Christus neu belebt werden kann, nicht zuletzt durch das meditative Umgehen mit den sieben Ich-bin-Worten. Im

gewöhnlichen Alltag werden wir durch unterschiedlichste Willensregungen zu den und den Handlungen geführt: Aber wie viel verdanken wir wirklich
unseren Einsichten und individuellen Absichten?
Wie viel «man» lassen wir in unseren Handlungen
walten, wie viel Medien- oder sonstige Suggestion
treibt uns im Alltagserleben? Wie viel unbeherrschter
Fanatismus kann beispielsweise durch sportliche oder
sonstige Massenveranstaltungen aufgepeitscht werden? Oder durch Parteigeist und «Religion»? Unter
jedem Willen verbirgt sich auch ein Gewalt-Wille.
Die Folgen heutiger Willenskrisen können verschiedene Gesichter haben. Eine davon ist auch der ar-
beitsbesessene Mensch, der «Workaholic», der von
Aufgabe zu Aufgabe getrieben wird, um die Leere
seiner Seele zuzudecken. Der Wege gibt es viele und
sie sind in der Regel nicht leicht durchschaubar. Das
Rausch- oder Massen-Ego in der Empfindungsseele,
das Fundamentalismus- oder Dogmatismus-Ego für
die Verstandes- und Gemütsseele und das Gewalt-
oder Besessenheits-Ego statt Bewusstseinsseele sind
beispielsweise nur drei tragische Folgen der drei Krisen, die im Grunde genommen als Chancen ergriffen
werden können, um mehr und mehr jener «Lichtgewalt der Geisteswelt, die sich uns offenbaren will»,
entgegenzuwachsen. Diese, hier nur skizzenhaft dar-

gestellten Krisen, muss man auch im makrosozialen Bereich, dort wo Politik gemacht wird und Kriege geführt werden, als weltgeschichtlich relevant ansehen. Auch insofern haben wir in einer apokalyptischen Zeit, in der jeder einzelne Mensch aufgerufen ist – dort wo das Leben ihn hingestellt hat –, die Impulse von Weisheit und Liebe, die der Logos-Christus in jeder Menschenseele entfachen möchte, aufzugreifen. Und das geschieht auch bereits durch Frauen und Männer aus allen Himmelsrichtungen, die den Herbstwind einer neuen Zeit vernehmen.

Greifen wir nochmals das Bild des Herbstes auf. Indem die Blätter fallen, geben sie dem künftigen grünen Laub Platz für neues Wachstum: Die Bäume verjüngen sich. Diese Verjüngungsmacht wohnt dem Christus inne, denn er ist das «Leben», das durch Tod und Geburt immer weiter schreitet, ja «die Auferstehung und das Leben». Zu den erschütternden Aspekten seiner neuen Erscheinung im Menschen und im Kosmos gehört auch die unfassbare Jugendkraft, die ihn durchpulst und welche sich in jede Menschenseele ein*leben* möchte. Ist vielleicht der heute weltweit verbreitete «Jugendwahn» letztendlich nur ein verzerrter Ausdruck der tiefen Sehnsucht nach der «ewigen Jugend» des Menschensohnes, des «David» in der Menschenseele? Die Sehnsucht einer neuen Menschengestalt, die wir nach und nach, wenn auch nach vielen Inkarnationen, erreichen können, eines neuen «Adam»[113] durch die Kraft eines frei impulsierten Willens?

Wenn wir uns das apokalyptische Bild des Christus vergegenwärtigen, mit den sieben kosmischen Sphären in seiner «Hand», dann können wir uns auch erneut vorstellen, dass diese Macht nicht nur das Menschentum aller Menschen durchpulst, sondern auch den gesamten planetarischen Kosmos und die Welt der Elemente. Diese Vorstellung, recht kräftig in der Seele durchdacht und durchfühlt, kann uns zur Erkenntnis führen, dass letzten Endes der Christus die Wirklichkeit, in der wir leben, ist und dass eine Christus-Suche – in praktizierter Weisheit und Liebe – die echte Sinnerfüllung unserer Existenz ist. Es ist die wahre Gralssuche der heutigen Zeit.

Anmerkungen und Hinweise

1 Siehe «Einübung im Christentum», S. 830 in: *Großes Werklexikon der Philosophie*, Bd. I, hrsg. von Franco Volpi, Stuttgart 1999.

2 Willem Zeylmans van Emmichoven, *Die Wirklichkeit, in der wir leben*, S. 7 f., Frankfurt am Main ³1986.

3 Siehe hierzu u.a. János Darvas, *Gotteserfahrungen – Perspektiven der Einheit*, Frankfurt am Main 2009.

4 Siehe u.a. *Theosophie. Einführung in übersinnliche Welterkenntnis und Menschenbestimmung*, GA 9; *Wie erlangt man Erkenntnisse der höheren Welten?*, GA 10; *Die Geheimwissenschaft im Umriss*, GA 13.
Für die Werke Rudolf Steiners, die zitiert werden, wird auf die jeweilige Nummer der Gesamtausgabe (= GA) hingewiesen, die vom Rudolf Steiner Verlag in Dornach/Schweiz herausgegeben wird.

5 *Die Pforte der Einweihung; Die Prüfung der Seele; Der Hüter der Schwelle; Der Seelen Erwachen*, GA 14.

6 Siehe u.a. Emil Bock, *Cäsaren und Apostel*, Stuttgart ⁴2009; Hans Kloft, *Mysterienkulte der Antike*, München 1999.

7 Siehe u.a. «Das Johannes-Evangelium», Vortrag vom 30. Mai 1908, GA 103.

8 Gottfried Richter in: *Ideen zur Kunstgeschichte*, im Kapitel «Der Tod des Osiris», München ⁹2006.

9 Im Kapitel «Das Wesen des Menschen», siehe Anm. 4.

10 Siehe Anm. 9.

11 *Phaidon*, in der Übersetzung von Rudolf Kassner, Düsseldorf / Köln 1978.

12 In: *Die Vorsokratiker* in der Übersetzung von Emil Bergs, S. 101, Münster/Westfalen 1980.

13 Zitiert nach János Darvas, Anm. 3, S. 45.

14 Zur Vertiefung dieser Zusammenhänge siehe Frank Teichmann, *Die Kultur der Empfindungsseele – Ägypten. Texte und Bilder,* Stuttgart 1990, und vom selben Autor *Die Kultur der Verstandesseele – Griechenland. Texte und Bilder,* Stuttgart 1993.

15 Siehe Anm. 4, *Theosophie. Einführung in übersinnliche Welterkenntnis und Menschenbestimmung,* im Kapitel «Das Wesen des Menschen».

16 Giovanni Pico della Mirandola, *Die Würde des Menschen,* Fribourg / Frankfurt am Main / Wien, o.J., S. 52 f.

17 *Die Philosophie der Freiheit – Grundzüge einer modernen Weltanschauung,* aus dem Kapitel «Die Idee der Freiheit», GA 4.

18 Siehe u.a. Jörg Ewertowski, *Die Entdeckung der Bewusstseinsseele – Wegmarken des Geistes,* Stuttgart 2007, und mein Buch *Lebenskunst als Lebenskraft – Vom schöpferischen Umgang mit der Freiheit,* Stuttgart ²2008, das praktische Anregungen enthält, den Alltag aus dieser Gesinnung heraus zu gestalten.

19 Rudolf Steiner, «Innere Entwicklungsimpulse der Menschheit», Vortrag vom 17. September 1916, GA 171.

20 *Faust, Teil II,* 1. Akt, Finstere Galerie.

21 A.a.O., siehe Anm. 15.

22 A.a.O., siehe Anm. 20.

23 Paulus an die Galater, 4, 1-10 und 5, 1. Diese und alle folgenden Zitate aus dem Neuen Testament sind der Übertragung Emil Bocks entnommen: *Das Neue Testament,* Stuttgart 1991.

24 I. Kor. 15, 8.

25 Siehe u.a. Marion Giebel, *Das Geheimnis der Mysterien –*
   Antike Kulte in Griechenland, Rom und Ägypten, Düsseldorf / Zürich 1990.

26 4. Mo. 34,11.

27 Stichwort «Galiläa» im *Lexikon zur Bibel,* Wuppertal /
   Zürich [19]1991.

28 Lk. 22, 24-34.

29 Joh. 18, 1-14.

30 Lk. 22, 54-62.

31 Ich folge hier der Schilderung in *Christus-Erfahrungen.*
   Petrus – Paulus – Johannes von Eberhard Kurras, Stuttgart
   1975.

32 Mt. 16, 13-23.

33 Joh. 21, 15-23.

34 Joh. 20, 26-29.

35 I. Kor. 15, 14.

36 I. Kor. 15, 3-9. Dass Petrus der erste Zeuge der Auferstehung
   war, wird auch von Lukas berichtet: 24, 33-35.

37 Aus dem Abschnitt: «Von der Auferstehung des Herrn»,
   Heidelberg 1963, S. 301.

38 *Cäsaren und Apostel,* im Kapitel «Simon Petrus – Die Fröm-
   migkeit und das Erwachen der Seele», siehe Anm. 6.

39 *Die Geschichte des Heiligen Gral,* aus dem Kapitel «Erscheinung Christi vor Joseph im Kerkerraum. Unterweisung»,
   Stuttgart [2]1964.

40 Lk. 22, 19-20.

41 A.a.O., Anm. 33.

42 Zum Thema Weltanschauungen siehe u.a. mein Buch *Zwölf*
   Wege, die Welt zu verstehen, Stuttgart [2]2007.

43 A.a.O., siehe Anm. 15, aus der Einleitung.

44 Zum Verhältnis Materie – Sinne siehe das Kapitel «Goethe
   als Denker und Forscher», und zwar den Abschnitt «Das

Urphänomen» in: *Einleitungen zu Goethes naturwissen-schaftlichen Schriften,* GA 1.

45 Zitiert nach Robert Goebel, *Schelling, Künder einer neuen Epoche des Christentums,* S. 90-91, Stuttgart o.J..

46 Siehe u.a. Alfred Rosenberg in: *Joachim von Fiore – Das Reich des Heiligen Geistes,* S. 50 f., Bietigheim 1977, S. 50 f.

47 Apg. 8, 1.

48 A.a.O., 9, 1-19.

49 Gal. 1, 13-18.

50 A.a.O., 2, 20.

51 II. Kor. 12, 1-6.

52 Zitiert nach Emil Bock, *Paulus,* Stuttgart ⁴2009, S. 14. Dieses Buch ist eine tiefgründige Einführung in Leben und Werk des großen Apostels.

53 I. Kor. 15, 20-49.

54 A.a.O., siehe Anm. 53, 13, 1-13 und 14, 1.

55 Siehe die aufschlussreiche Schrift von Johannes Hemleben, *Evangelist Johannes,* Reinbek 1973.

56 *Wörterbuch des Christentums,* München 2001, S. 563.

57 Joh. 13, 24.

58 Siehe Johannes Hemleben, Anm. 55, S. 31 f.

59 Joh. 11, 3.

60 Am 22. Mai 1908 in Hamburg, GA 103.

61 Joh. 11, 4-5.

62 A.a.O., 11, 11-15.

63 A.a.O., 11, 33-44.

64 A.a.O., 11, 21-27.

65 Im Kapitel über das Lazarus-Wunder, GA8. Zur weiteren Vertiefung dieser Fragen siehe auch Wolf-Ulrich Klünker, *Wer ist Johannes?* Stuttgart 2006.

66 Joh. 13, 23-24.

67 1. Joh., 1-4.

68 Alle Zitate sind dem ersten Kapitel der Apokalypse entnommen.

69 Siehe u.a. Rudolf Steiner, *Die Stufen der höheren Erkenntnis,* GA 12.

70 Siehe dazu auch mein Buch *Das Sophia-Mysterium der Gegenwart – Die Geburt der Imagination,* Dornach/Schweiz 1992.

71 Aus dem Kapitel «Das Tor der Vollendung: der Menschensohn» in: *Apokalypse – Betrachtungen über die Offenbarung des Johannes,* Stuttgart ⁵1997.

72 Siehe Anm. 15.

73 Geisteswissenschaftliche Forschungsergebnisse Rudolf Steiners können diese Zusammenhänge unendlich vertiefen. Siehe u.a. *Von Jesus zu Christus,* GA 131.

74 Diese Seite der Auferstehungs-Tatsachen erwähnt Rudolf Steiner besonders in seinem Vortrag vom 9. Januar 1912, «Welten-Ich und Menschen-Ich. Mikrokosmisch-übersinnliche Wesenheiten. Die Natur des Christus», in GA 130.

75 In *Das Ereignis der Christus-Erscheinung in der ätherischen Welt,* GA 118. Siehe dazu auch Hans-Werner Schroeder, *Von der Wiederkunft Christi heute – Verheißung und Erfüllung,* Stuttgart 1991.

76 Siehe hierzu das interessante Buch *Sie erlebten Christus – Berichte aus einer Untersuchung des Religionssoziologischen Instituts Stockholm durch G. Hillerdal und B. Gustafsson,* Basel ²1980.

77 A.a.O., siehe Anm. 15.

78 2. Mos. 3, 13-14.

79 Es handelt sich um die Sprüche 11 und 12 für die Zeit vom 16. bis 29. Juni aus *Anthroposophischer Seelenkalender,* enthalten in GA 40. Für jede Woche des Jahres wird hier ein Meditationsspruch gegeben als Möglichkeit, wie Steiner selber

im Vorwort sagt, «eines fühlenden Selbsterkennens», indem die Seele durch die Sprüche in die «Jahreszeiten-Stimmungen» geistig eintauchen kann. Das ermöglicht dem Meditanten «von Woche zu Woche das eigene Seelenweben im Bilde an den Eindrücken des Jahreslaufes [zu] erfühlen.» Durch das Meditieren dieser Sprüche können im Prinzip alle in diesem Buch erwähnten Christus-Erfahrungen angeregt werden.

80 Siehe Anm. 68.

81 Siehe Anm. 76 und Hans-Werner Schroeder, Anm. 75.

82 *Faust,* Teil I, Studierzimmer.

83 A.a.O., Nacht.

84 Siehe das Kapitel «Rìgh nan Dùl» in Hans Gsänger: *Irland – Insel des Abel – Das christliche Irland,* Frankfurt am Main ²2003.

85 *Am Kreuzweg des Schicksals,* S. 90, Dornach/Schweiz ²1952.

86 Siehe Anm. 79.

87 Aus dem Kapitel «Die Vorbereitung» in *Wie erlangt man Erkenntnisse der höheren Welten?,* GA 10.

88 Joh. 15, 9-17.

89 Joh. 6, 68-70.

90 Siehe u.a. *Das Matthäus-Evangelium,* GA 123; *Das Markus-Evangelium,* GA 139; *Das Lukas-Evangelium,* GA 114; *Das Johannes-Evangelium,* GA 103; *Die Apokalypse des Johannes,* GA 104.

91 Joh. 1, 1-18.

92 I. Kor. 2, 10-11.

93 Aus dem dritten Kapitel von *Die geistige Führung des Menschen und der Menschheit,* GA 15.

94 Im 10. Vortrag von *Welche Bedeutung hat die okkulte Entwicklung des Menschen für seine Hüllen und für sein Selbst?,* GA 145.

95 Aus der Einleitung in GA 9, siehe Anm. 15.

96 Zu weiteren Aspekten geistiger Schulung siehe Anm. 4, GA 10, Anm. 69 und Anm. 70.

97 Joh. 6, 35-36.

98 Mt. 4, 4.

99 Joh. 8, 12.

100 Mt. 17, 1-3.

101 Joh. 10, 1-18.

102 Joh. 1, 29.

103 Apok. 21, 23-27.

104 Siehe Anm. 15.

105 Joh. 11, 25-28.

106 Siehe Anm. 68.

107 Joh. 14, 6.

108 Joh. 15, 5-11.

109 Joh. 10, 34.

110 Zu den Ich-bin-Worten siehe auch Barbara Nordmeyer in: *Leben mit Christus – Betrachtungen zum Johannes-Evangelium,* Stuttgart 1981, S. 17 f., und zur Frage des «Menschensohnes» sei zur Vertiefung das Buch von Wilhelm Kelber empfohlen: *Der Menschensohn,* Stuttgart 1967.

111 *Faust,* Teil I, Nacht.

112 Röm. 8, 18.

113 Zu den weiteren Fragen, die die Christus-Wirksamkeit in unserer Zeit betreffen, gehört nicht zuletzt der ganze vielschichtige Komplex «Reinkarnation und Karma». Eine sachgemäße Behandlung dieses Themas hätte den Rahmen dieser Arbeit gesprengt. Siehe dazu Rudolf Steiner, *Wiederverkörperung und Karma und ihre Bedeutung für die Kultur der Gegenwart,* GA 135, und Rudolf Frieling, *Christentum und Wiederverkörperung,* Frankfurt am Main ²1982.

Mario Betti

Ein Weg zur Individualität
Rudolf Steiners

156 Seiten, gebunden mit Schutzumschlag

Vielen Anthroposophen der ersten Generation gab das unmittelbare, persönliche Verhältnis, das sie zu Rudolf Steiner hatten, eine besondere Stoßkraft für ihr Wirken in der Kultur. Damals lebte und wirkte Rudolf Steiner durch sein Vorbild und seine Anregungen inspirierend und befeuernd. Auch die anschließenden Generationen konnten noch von diesem Erbe zehren. Heute muss ein unmittelbares Verhältnis zur inspirierenden Gegenwart Rudolf Steiners auf anderem Wege gesucht werden. Für die schöpferische Gestaltung der Zivilisation aus den Quellen menschlicher Entwicklung ist es nicht unerheblich, welches Verhältnis zum Fortwirken der Individualität des Gründers der anthroposophisch orientierten Geisteswissenschaft gefunden werden kann. Hierzu möchte Mario Betti auf eine Vielzahl bislang noch nicht ausgeschöpfter Möglichkeiten hinweisen.

Verlag Freies Geistesleben

Mario Betti

Lebenskunst als Lebenskraft
Vom schöpferischen Umgang mit der Freiheit

falter 34, 132 Seiten, Leinen mit Schutzumschlag

Jeder neue Tag, jeder Moment trägt für uns die Möglichkeit in sich, einen Neuanfang zu wagen. Das eigene Leben als schöpferischen Gestaltungsfreiraum zu begreifen, dessen Form- und Ausdrucksvielfalt in unseren Händen liegt, dazu möchte Mario Betti mit seinem Buch anregen und lädt in gedanklichen und praktischen Beispielen ins Atelier des Lebens ein. Das Leben als Stoff zu betrachten, den man jeden Tag neu und wie in einem Kunstprozess gestalten kann, bietet die Möglichkeit, selbst schöpferisch zu werden – selbst Verantwortung zu tragen. Dann wird Lebenskunst zu Lebenskraft.

Verlag Freies Geistesleben

Mario Betti

Zwölf Wege, die Welt zu verstehen

337 Seiten, gebunden

Eine Sache lässt sich naturgemäß von verschiedenen
Standpunkten aus betrachten. Oft stehen sich solche Standpunkte unvereinbar gegenüber – stoßen
als religiöse oder philosophische Weltanschauungen sogar wie unvereinbare Gegensätze aufeinander.
Mario Betti zeigt in seinem Buch anhand zahlreicher
Beispiele einen Weg zur Verständigung der einzelnen
Weltauffassungen, die in ihrem Trennenden letztlich
doch verbunden sind.

«Mit italienischer Leichtigkeit lässt der Autor das
bedeutungsschwere Thema zur abwechslungsreichen
und unterhaltsamen Lektüre werden, ohne dabei in
die Gefahr der Oberflächlichkeit zu geraten.»

info 3

Verlag Freies Geistesleben